大国经济丛书　　主编　欧阳峣

人力资本、要素边际生产率与发展中大国区域经济协调发展

刘智勇　著

格致出版社　上海人民出版社

总　序

经济学发展历史表明，经济理论的重要程度往往取决于被解释现象的重要程度。中国的崛起被称为“东亚奇迹”，“金砖国家”的崛起已成为“世界奇迹”，这说明大国经济现象的重要程度是毋庸置疑的。如果将典型的大国经济发展现实和经验的研究提升为普遍性的理论体系和知识体系，那么，中国经济学就有可能掌握国际话语权。

一般地说，掌握国际话语权应该具备三个条件：一是研究的对象具有典型意义，被解释的现象不仅对某个国家的发展具有重要意义，而且对世界的发展具有重要意义；二是取得的成果具有创新价值，在学术上有重要发现，乃至创造出新的科学理论和知识体系；三是交流的手段具有国际性，研究方法符合国际规范，可以在世界范围交流和传播。

在大国经济研究领域，第一个条件是已经给定的，因为大国经济发展具有世界意义。关键是要在第二个条件和第三个条件上下功夫。要通过创造性的思维和研究，深刻把握大国经济的特征和发展规律，构建大国经济的理论体系和知识体系，追求深层次的学术创新和理论突破；要使用国际化的交流手段，运用规范的研究方法和逻辑思维开展研究，从中国与世界关系的角度来看待大国经济问题，并向世界传播大国经济理论和知识体系，从而使大国经济理论具有世界意义和国际影响力。

我们将联合全国的专家学者，致力于探索超大规模国家经济发展的特征和规律，进而构建大国经济理论体系和知识体系。格致出版社以深邃的目光发现了这个团队的未来前景，组织出版这套《大国经济丛书》，国家新闻出版总署将其列入

"十二五"国家重点图书出版规划,为大国经济研究提供了展示成果的平台。

我们拥有这样的梦想,并且在集聚追求梦想的力量。我们期望这个梦想成为现实,并用行动构建中国风格的经济学话语体系,为中国经济学走向世界做出积极的贡献。

歐陽峣

前 言

中国作为经济转型时期的发展中大国，取得了举世瞩目的发展成就，然而其区域经济发展失衡问题也相当突出，形成了“东部隆起，中西部塌陷”的发展格局。为此，中国政府长期致力于缩小地区差异，然而在经济增长方式仍属资本驱动型，且技术进步的作用日益凸显的背景下，由政府主导实施的旨在缩小地区差异的财政转移支付等政策并未使中西部地区获得更快的发展，那么个中原因何在？另外，虽然人力资本作为技术进步的源泉，一直被视为解释国家、地区间经济增长差异的重要因素，但已有文献侧重于研究它对地区差异的直接影响，而缺乏对它作用于地区差异的机制的深入探讨。有鉴于此，本书研究借助增长理论、人力资本理论等主流经济学理论和现代计量经济学分析方法，从理论和实证两个层面对人力资本与地区经济增长差异的关系进行了研究，并据此来提出缩小地区差异，实现区域经济协调发展的政策建议。

本书研究首先立足于中国这一发展中大国经济发展的阶段性与特殊性：虽然全要素生产率的作用不断增强，但经济增长方式仍属要素驱动型尤其是资本驱动型，而且二者均是解释中国地区差异的重要直接因素，选取要素的投入与其使用效率作为研究的切入点，根据技术进步对要素边际生产率、要素积累及经济增长的重要影响，结合人力资本对技术进步的重要作用及其主要通过技术进步促进经济增长的作用机制，提出了一个研究中国地区差异的综合分析框架：人力资本—技术进步—要素边际生产率—要素积累—经济增长。与已有研究相比，该分析框架既从一定程度上有效弥补了片面强调技术进步或要素积累尤其是资本积累的作用的缺陷，又突出了技术进步在改进投资质量和积累有效性方面的重要作用，而投资质量和积累有效性的改进对中国经济增长同样起到至关重要的作用。更为重要的是,该分析框架强调了以市场为导向的手段在缩小地区差异中的重要作用,即通过提高人力资本等手段来提高落后地区的全要素生产率,从而提高落后地区的要素边际生产率,这样各要素在利润动机的引导下会逐渐回流到落后地区,从而加快落后地区的经济发展。毋庸置疑,随着中国市场化进程的不断推进,这种以市场为导向的手段对地区差异的缩小将起到至关重要的作用。

本书研究进一步对所提出的研究中国地区差异的综合分析框架进行了经验研究,结果表明,人力资本主要通过卢卡斯式作用机制(技术创新)促进经济增长,它对全要素生产率具有重要的促进作用,而全要素生产率则是延缓资本边际生产率下降并使其维持在较高水平的关键因素(尽管资本劳动比在不断攀升),同时它的上升也提高了劳动边际生产率,资本和劳动边际生产率的提高促进了资本、劳动的积累,从而推动了经济的快速增长。人力资本对全要素生产率(TFP)增长的年均贡献率在中西部地区要远高于外商直接投资(FDI)、基础设施、市场化进程和城市化程度,在东部地区虽然低于市场化进程和城市化程度,但仍然非常重要。因此,政府进一步加大人力资本投资尤其是中西部地区的人力资本投资力度,是提高中西部地区的全要素生产率,从而其要素边际生产率,吸引更多生产要素流向中西部地区,进而缩小其与东部地区差异的战略选择。

鉴于人力资本对全要素生产率,从而要素边际生产率,要素积累,进而经济增长的重要影响,本研究对中国人力资本投资的现状进行了分析。结果显示,中国教育投资一直在较低水平徘徊,教育投资的地区差异也呈扩大趋势。但中国高等教育,高中、初中教育和小学教育的社会内部收益率均较高,且呈现高中、初中教育最高,小学教育次之,高等教育最低的分布格局;中西部地区各级教育投资的社会内部收益率也并不低于东部地区。因此,政府进一步加大教育投入,增强对落后地区教育扶持的决策是合乎理性的。就教育投资结构而言,则应继续普及和巩固九年制义务教育,大力发展高中阶段教育,不断提高高等教育质量。

最后,基于本研究的理论分析和实证结论,我们提出了缩小中国地区差异的相关政策建议:(1)坚持以人力资本积累为先导的战略选择,培育多元化的人力资本投资主体，优化教育投资结构，加大财政对中西部教育的支持力度，以提高中西部地区的人力资本存量。(2)加大制度创新力度，不断提高人力资本的使用效率，以缓解中西部地区人力资本供给短缺与需求旺盛的矛盾。惟有如此，中西部才能获得更快的经济增长，从而实现对东部地区的赶超。

Abstract

As a large developing country which is in the transition period, China has obtained the great achievement in economic development. However, the unbalance of regional economy development is becoming more and more prominent in China and the development pattern which east region develops more quickly than central and west regions is formed. Therefore, the Chinese government has been trying to reduce regional inequality for a long time. However, against the background of economic growth driven primarily by capital and technological progress is also playing an increasingly important role in economic growth, those policies under the guidance of the government such as financial transfer cannot accelerate the development of central and west regions. What are the reasons? In addition, while human capital, which is the source of technological progress, is always regarded as the crucial factor which explains the divergence in growth rates across countries and regions, many existing studies have focused on its direct effect on regional inequality. Therefore there are few researches have shed some light on the problem of the channel through which human capital influences regional inequality. Under such circumstance, based on those existing researches and by means of the theory of economic growth, human capital and modern econometrics, this book aims at making a general analysis on the relation between human capital and the divergence in growth rates across regions both theoretically and empirically, and therefore to provide certain policy suggestions on narrowing regional inequality and achieving the coordinated development of regional economies.

Based on the characteristic of economic development in China: although total factor productivity is playing an increasing important role in economic growth, the economic growth is still driven mainly by factor accumulation especially capital accumulation, and both of them are direct factors which can explain most part of the regional inequality, choosing factors and their efficiency as the breakthrough point of research, this book firstly puts forward an analytic framework that researches on regional inequality: human capital—total factor productivity—marginal productivity of factors—factors accumulation—economic growth according to the significant effect of technological progress on factor marginal productivity, factor accumulation and economic growth, as well as the indirect effect of human capital on technological progress. Compared with those existing studies, our analytic framework not only can effectively remedy defects in excessive emphasis on the function of technological progress or factor accumulation especially capital accumulation to a certain extent, but also emphasize the key role of technological progress in improving the quality of investment and the validity of accumulation, while improvement in the quality of investment and the validity of accumulation also play very important roles in promoting economic growth. Even more important, this analytic framework emphasizes the significant role of market-oriented means in reducing regional income disparity, which means that less developed areas can accelerate their economic growth by raising total factor productivity, thereby factor marginal productivity through raising the level of human capital, because the higher factor marginal productivity in less developed areas will make them attract relatively more factors. Undoubtedly, with the development of marketization, the market-oriented means will play the key role in reducing regional inequality.

This book further makes an empirical study on the analytic framework which researches on regional inequality. The results show that human capital influences economic growth through Lucas approach(technological innovation), and it accelerates total factor productivity significantly, while total factor productivity is the crucial factor which sustains the higher marginal productivity of capital(despite capital-labor ratio is improved gradually). It can raise the marginal productivity of labor too, the improvement in the marginal productivity of capital and labor will enhance the accumulation of capital and labor, then accelerate the rapid development of economy. By comparison, human capital's average annual contribution to total factor productivity is much higher than that of any other factors such as foreign direct investment, infrastructure investment, the degree of marketization and urbanization level in the central and west regions, while in the east region, the average annual contribution of human capital to total factor productivity is only less than that of urbanization level and the development of marketization. Therefore, that the government further enhances human capital investment especially for central and west regions is the strategic choice for central and west regions to improve their total factor productivity, thereby their marginal productivity of factors, and to attract more requisites of production so as to narrow the gap in development between them and the east region.

Owing to the important effect of human capital on total factor productivity, marginal productivity of factors, factors accumulation, thereby economic growth, this dissertation analyzes the current status of China's human capital investment. The results indicate that China's educational investment is still fairly low, and its regional inequality shows a trend of expansion. However, the social internal rates of return to higher education, senior and junior secondary education, and primary education are relatively higher in China, furthermore, the social internal rates of return to senior and junior secondary education are the highest, while the social internal rate of return to higher education is the lowest; the social internal rates of return to all levels of education of central and west regions are not lower than that of east region. So government's decision to further augment investment on education and assist the less developed areas to develop education is rational. As far as the structure of educational investment, the government should continue to make nine-year compulsory education universal across the country, and make great efforts to develop senior secondary education, and should continue to improve the quality of higher education.

Finally, based on this book's theoretical analysis and empirical results, we put forward relative policy suggestions on reducing regional inequality: First, insisting on the strategic choice that human capital accumulation is the fore-runner of economic development, aggrandizing social diversified investment, optimizing the structure of educational investment, and enhancing educational investment in central and west regions can raise the human capital stocks in central and west regions. Second, Enhancing system innovation and making use of human capital more efficiently will relieve the contradiction between the short supply of human capital and its strong demand in central and west regions. Only in this way can the central and west regions accelerate their economic growth and catch up the east region.

目　录

CONTENTS

第1章

导言

1.1 研究背景

选择"人力资本,要素边际生产率与发展中大国区域经济协调发展"作为研究的主题,主要是基于对发展中大国经济发展的现实问题以及有关人力资本与经济增长差异的理论研究背景的综合考虑。

首先,发展中大国经济增速快,但其区域发展不平衡问题也相当突出。作为转型时期的发展中大国,中国的经济虽然持续快速增长,但地区差异不断扩大的问题也已变得相当严重。不可否认,自1978年改革开放以来,中国经济获得了飞速发展。1978—2005年实际国内生产总值年均增长率为9.69%,其中有不少年份的增长率高达13%以上,远远高于所有发达资本主义国家,可谓"一枝独秀"。按可比价(1990年不变价)计算,2000年中国人均国内生产总值是1978年的5.7倍。至2005年,实际人均国内生产总值达到6 103.24元,为1978年的8.8倍。经济的快速增长在总体上极大地改善了人民的生活水平,增进了社会福利。但与之相伴随的一个令人担忧的问题是:地区间的经济发展极不平衡。据我们的计算,1978—2005年,增长最快的省份浙江,其实际人均GDP增长率达12.01%,而增长最慢的青海省的增长率仅为6.55%。2005年,实际人均GDP最高的十个省级行政单位均属东部地区[①]。最

① 东部地区包括:北京、天津、河北、辽宁、上海、江苏、浙江、福建、山东、广东(含海南)。中部地区包括:山西、吉林、黑龙江、安徽、江西、河南、湖北、湖南。西部地区包括:内蒙古、广西、四川(含重庆)、贵州、云南、陕西、甘肃、青海、宁夏、新疆。

高的上海市的实际人均GDP为最低的贵州省的8.14倍。地区差异中备受关注的是东部地区与内陆地区的差距。1978—2005年,东部地区的真实人均GDP高于全国平均水平,而中西部地区的均处于全国平均水平以下。真实人均GDP的增长率也存在较大差异,东部地区达11.60%,中西部地区分别只有9.88%、9.61%。至2005年,东部地区的真实人均GDP分别为中西部地区的190%和241%。不断扩大的地区差距正在对社会稳定以及经济的可持续发展形成巨大挑战,政府只有在促进经济快速发展的同时缩小地区差异,才能使经济发展走上健康、持续的轨道。为此,迫切需要解答的问题是:改革开放二十多年来,为什么有的地区发展较快而有的地区发展相对慢?在中国经济增长仍属要素驱动尤其是资本驱动型背景下,为什么旨在缩小地区差异的政府扶持政策,如加大对中西部地区的财政转移支付力度、实施西部大开发战略等,并没有使中西部地区获得更快的发展?最为重要的问题是,导致地区差异的最终因素有哪些?这些因素对地区差距的作用机制是什么?政府究竟应采取何种有效措施来缩小地区差异,实现区域经济的协调发展?

其次,从相关研究背景来看,虽然人力资本一直被视为解释国家、地区间经济增长差异的重要因素,但其作用于地区经济增长差异的机制尚有待进一步探讨。理论上,舒尔茨(1961)、贝克尔(1964)等早期人力资本理论家,都强调人的知识、技能等人力资本对生产起促进作用,是经济增长的主要因素。阿罗(Arrow, 1962)的学习模型将“索洛余值”内生化为“干中学”的知识增长,认为知识和经验的积累作为一种生产投入,使单位产品的生产成本随产出的增长而递减,同时,知识的“溢出效应”也使资本和劳动的生产率提高。尼尔森和费尔普斯(Nelson and Phelps, 1966)的追赶模型,打破了将人力资本作为生产过程直接投入要素的观点,认为人力资本通过技术创新与技术吸收,加速技术扩散促进经济增长。罗默(Romer, 1986; 1987; 1990)将研发(R&D)部门引入增长模型,从人力资本角度内生化技术进步,认为技术进步是知识内生积累的结果,而人力资本则是知识积累的关键因素,人力资本是通过创造知识进而对经济产生正的“溢出效应”。卢卡斯(Lucas, 1988)更是直接用人力资本代替“知识”,使其内生化,通过人力资本的

“内部效应”与“外部效应”分析，将一国经济增长的源泉和各国经济增长的差异成因全部归于人力资本。在实证研究方面，基于新古典分析框架的收敛假说检验证明人力资本对经济增长差异具有重要影响(Mankiw, Romer and Weil, 1992; Barro and Sala-I-Martin, 1995; Fleisher and Chen, 1997;蔡昉、都阳，2000; Démurger, 2001;沈坤荣、马俊，2002;李坤望、陈雷，2005)。采用增长核算、方差分解等要素贡献分解方法的研究则表明人力资本对产出差异的解释力并不强(Hall and Jones, 1999; Klenow and Rodriguez, 1997; Easterly and Levine, 2001; Barry and Susan, 2003;徐现祥、舒元，2004;李坤望、黄玖立，2006)。之所以得出这种看似矛盾的结论，是因为收敛假说检验的结论主要是基于人力资本对地区经济增长差异是否具有统计上的显著影响来作出的，而不是以具体量化其贡献率的方式。而要素贡献分解方法求得的也只是人力资本的直接贡献，由于人力资本可能主要通过技术进步这一中介间接地产生作用(Nelson and Phelps, 1966; Benhabib and Spiegel, 1994; Islam, 1995)，因而要素贡献分解方法对人力资本的贡献存在低估的可能。总之，上述已有研究侧重于分析人力资本是否对地区差距有直接影响或其直接贡献的大小，而缺乏对它作用于地区差距的机制尤其是间接作用机制的深入探讨。此外，由于经济发展存在一定的阶段性和特殊性，人力资本作用于经济增长的机制也会有所差异(Benhabib and Spiegel, 1994)。那么，作为一个经济增长仍属要素驱动型的经济转型大国，中国的人力资本作用于地区差异的机制会是怎样的呢？和其他因素如基础设施、经济政策等相比，人力资本在缩小中国地区差异中的重要性又如何？

正是鉴于中国地区差异日益扩大的现实，人力资本对地区差异的重要作用以及已有研究之不足，本研究试图在借鉴已有的理论研究成果的基础上，结合中国经济增长的典型特征，通过研究人力资本对地区差异的影响，来回答上述问题，其主要意义在于：

第一，进一步增强对人力资本在缩小中国地区差异中的重要作用的认识。理论上，地区差异的缩小最终取决于落后地区是否具有高于发达地区的经济增长速度。为了加快落后地区的发展，政府主导的财政转移支付更多地照顾西部地区。西部大开发以来，这部分资金转移增加较快，使西部的投资率甚至超过了东部，但迄今为止东西部地区的增长率仍然存在明显差距（王小鲁、樊纲，2004）。究其原因，经济增长受到资源约束、技术约束、体制约束的制约，尽管随着国家对落后地区扶持力度的加大，以及中西部地区各项改革的不断推进，中西部地区资源约束、体制约束的制约作用有所缓解，但技术约束却仍然是制约其经济较快增长的“瓶颈”。因此，有效缓解技术约束对欠发达地区经济的持续快速增长具有至关重要的作用。事实上，技术水平的提高能够提高要素的使用效率，促进落后地区的要素积累，从而缩小地区差异，而人力资本则是提高技术水平的关键。因此，加强落后地区的人力资本投资是缩小地区增长差异的重要前提。

第二，理清人力资本等因素影响中国地区差异的机制，为政府制定缩小地区差异的政策提供依据。针对性与可操作性强的缩小地区差异的政策的制定，必须以人力资本等因素作用于地区差异的机制为依据。尽管已有研究或者基于人力资本直接促进经济增长的机制，或者基于人力资本通过技术进步这一中介间接地促进经济增长的机制，对人力资本的重要作用进行了大量的相关研究，但它们没有立足于中国经济增长的阶段性和特殊性。不可否认，处于转型期的中国经济增长，在要素驱动尤其是资本驱动的过程中，技术进步的作用正日益凸显（Wang and Yao, 2003；梁红、易峘，2005），而且二者的差异都是解释地区差异的最重要的因素（Barry and Susan, 2003）。在这一背景下，片面强调要素积累或技术进步既无助于洞察经济增长过程，又不利于中国地区经济的持续、协调与快速发展[①]。因此，综合已有研究成果，结合中国经济发展的典型化事实，提炼出人力资本影响地区差异的机制，既可以丰富和发展已有研究，又能够为缩小中国地区差异提供相关政策导向。同时也能为其他发展中大国实现区域经济协调发展提供借鉴。

① 相比较而言，技术进步是发达国家经济增长的主要来源，而发展中国家的经济增长更加依赖于资本和劳动力投入的增长，尤其是资本积累对经济增长的贡献更为明显一些。

1.2 研究思路与研究内容

1.2.1 研究思路

基于人力资本与地区差异这一核心问题，本书旨在研究以下几个主要问题：在中国经济发展具有自己的阶段性与特殊性背景下，人力资本作用于地区差异的机制是什么？人力资本在缩小中国地区差异中的重要性怎样？政府应采取什么样的政策措施，来加强中国的人力资本投资，实现区域经济的协调发展？在研究上述问题的过程中，本书严格遵循提出问题、理论分析、实证检验、政策建议的研究思路。

本书从中国日益扩大的地区差异这一现实问题出发，针对已有理论研究中存在的缺陷和不足，立足于中国经济发展的阶段性与特殊性——作为一个经济转型大国，尽管全要素生产率(TFP)对经济增长的促进作用不断增强，但中国的经济增长方式仍属要素驱动尤其是资本驱动型，而且TFP与资本积累的差异都是解释地区差异的重要直接因素[①]，着力于人力资本主要通过技术进步这一中介间接地促进经济增长这一重要作用机制，结合技术进步对资本边际生产率下降发生了抵消作用，以至中国资本边际生产率得以维持在一个稳定水平的客观事实，以及要素边际生产率与要素积累之间的关系，提出如下研究的技术路线：人力资本—技术进步—要素边际生产率—要素积累—经济增长。

按照这一研究的技术路线，本书首先通过理论回顾和研究综述，对人力资本作用于地区差异的机制进行理论分析，提出了一个立足于中国经济发展阶段性与

① 林跃勤(2010)等的研究表明，处于转型期的其他发展中大国如巴西、俄罗斯、印度等国的经济增长方式同样是要素驱动型。

特殊性的综合分析框架，然后运用中国的数据进行经验实证，结果表明加强落后地区的人力资本投资是提高其全要素生产率，从而其要素边际生产率、要素积累，进而缩小它们与发达地区之间的差异的关键。在此基础上本书对中国人力资本投资的现状进行了分析，并采用内部收益率方法估算了中国人力资本投资的回报率。最后，根据本书的理论分析和实证研究结论，我们就中国地区差异的缩小提出了相关政策建议。本书具体的技术路线如图 1.1 所示。

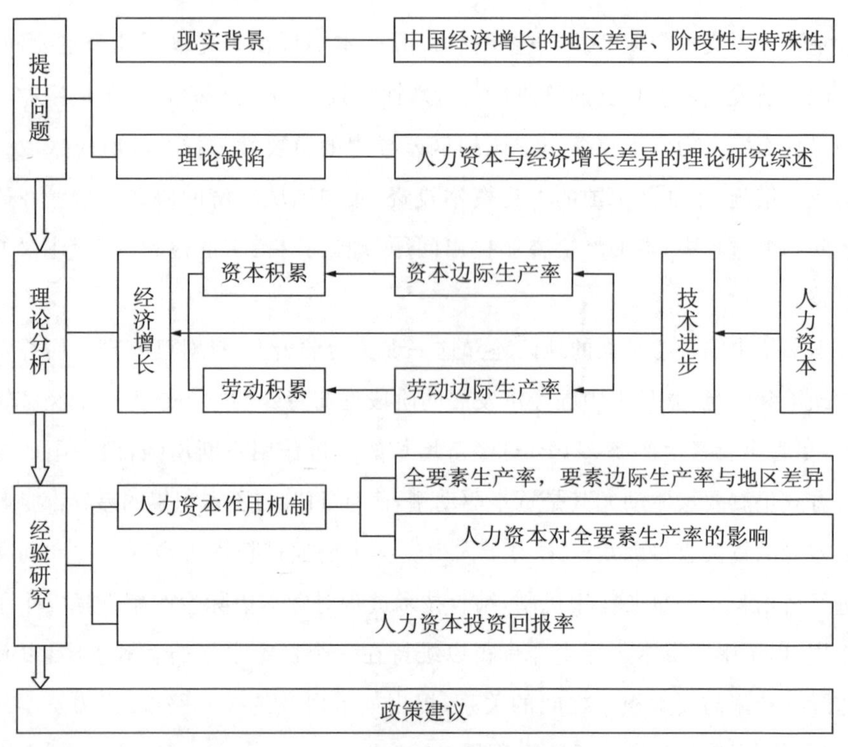

图 1.1　研究的技术路线图

1.2.2　研究内容

根据研究思路和技术路线，本书共分六章，各章内容具体安排如下：

第1章为导言，主要阐述研究背景、研究思路与内容和研究创新。

第2章旨在对相关文献进行回顾与述评，以期找到研究的切入点，为本书的深入研究提供理论支持。从已有文献来看，迄今为止，在资本积累和全要素生产率(技术进步)提高对解释地区差异的相对重要性这一问题上尚无一致意见。一些研究强调资本积累在解释地区差异中的重要作用，一些研究则指出技术进步差异是导致地区差异的最重要的原因。已有研究在人力资本对经济增长差异的影响方面也存在不同看法。一些学者认为人力资本是解释地区差异的重要因素，另一些学者则指出人力资本对地区增长差异的直接解释力并不强。那么，导致地区差异的重要原因究竟是什么？人力资本对地区差异的影响到底怎样？我们认为对这些问题的回答必须立足于一国经济发展的阶段性与特殊性，尤其是对中国这样的经济转型国家。

第3章针对中国地区差异日益扩大这一问题，运用多种衡量地区差异程度的测度指标进行了刻画，以揭示中国地区差异的典型化事实，分析掌握地区差异变动的趋势及其结构性原因等等，同时通过国际比较来突出中国经济保持持续快速增长过程中缩小地区差异的重要性与紧迫性，并为后面探讨地区增长差异的成因奠定比较分析基础。我们发现中国人均GDP的省际绝对差异与地区绝对差异在1978—1990年间缓慢上升，1990年以后则迅速扩大；省际相对差异在1978—1990年间呈波动状下降趋势，1990年以后又逐渐扩大，2002年以后开始有所回落；地区相对差异在改革开放以来持续上升，直到2004年后才有所回落；东中西三大地区间的差异是中国总体差异扩大的最重要的来源。其政策含义十分明显：采取有效措施逐步缩小东中西三大地区之间的经济发展差异，是实现中国区域经济协调发展的关键。这也成为本书第4章主要以三大地区间差异作为研究重点的关键原因。

第4章以对本书所提出的综合分析框架进行实证研究为核心。首先，我们运用增长核算方法和方差分解方法分析了中国经济增长的动力以及它们对地区差异的影响，发现物质资本积累是中国经济增长的主要推动力量，其次是全要素生产率(TFP)，而且物质资本积累和全要素生产率的差异解释了中国地区经济增长差异的大部分。中国经济发展的这一阶段性与特殊性正是本书所提分析框架的立足点。接下来我们估计了各地区资本和劳动的边际生产率以及全要素生产率，发现全要素生产率是延缓资本边际生产率下降并使其维持在较高水平的关键因素；东中西三大地区资本的边际生产率虽存在趋同的趋势，但从总体上看，东部地区仍要高于中西部地区，而三大地区间劳动的边际生产率差异正逐渐扩大。基于要素边际生产率的这种变动态势，我们分析了它们对地区要素积累进而地区差异的影响。结果显示，相对于中西部地区而言，东部地区更高的劳动边际生产率和资本边际生产率，使劳动力尤其是那些受过高等教育的劳动力与资本从中西部地区向东部地区积聚，这成为导致地区差异扩大的重要原因。其次，考虑到人力资本对经济增长的直接贡献不大，我们对人力资本的作用机制进行了检验，发现人力资本主要通过技术进步(技术创新)这一中介间接地促进经济增长，因此本章最后探讨了人力资本等全要素生产率的重要影响因素。结果表明，人力资本对全要素生产率具有重要的促进作用，它对 TFP 增长的年均贡献率在中西部地区要远高于 FDI、基础设施、市场化进程和城市化程度，在东部地区虽然低于市场化进程和城市化程度，但仍然非常重要。因此，加强人力资本投资尤其是中西部地区的人力资本投资，是提高中西部地区的全要素生产率，吸引更多生产要素流向中西部地区，进而缩小其与发达地区差异的关键。

第 5 章着重分析中国人力资本投资的现状。通过对教育投资总量和生均教育投资的国际国内比较分析，我们发现中国教育投资总量一直在较低水平徘徊，教育投资的地区差异也呈扩大趋势。对人力资本投资社会内部收益率的估算表明，中国高等教育，高中、初中教育和小学教育的社会内部收益率均较高，且呈现高中、初中教育最高，小学教育次之，高等教育最低的分布格局；中西部地区各级教育投资的社会内部收益率并不低于东部地区。这两方面的研究证实了政府进一步加大教育投入，增强对落后地区教育扶持的决策的必要性与合理性。

第 6 章是对本书基本结论与政策含义的总结。基于对综合分析框架和人力资本投资现状的实证研究，我们得到了一些有意义的结论，在此基础上，我们提出了缩小中国地区差异的相关政策建议。

1.3 研究创新

本书的创新点主要体现在以下几个方面：

第一，立足于中国经济发展的阶段性与特殊性：作为一个经济转型大国，尽管全要素生产率（TFP）对经济增长的促进作用不断增强，但其经济增长方式仍属要素驱动尤其是资本驱动型，而且TFP与资本积累的差异均为解释地区差异的最重要的因素，以要素的投入与其使用效率作为切入点，提出了一个研究地区差异的综合分析框架。该分析框架的主要优势在于：其一，根据技术进步、要素边际生产率、要素积累之间的关系来探寻人力资本和地区差异之间的关系，既考虑了人力资本对经济增长间接作用的重要性，又符合当前中国经济增长的典型特征：尽管技术进步的作用不断增强，但经济增长方式仍属要素驱动尤其是资本驱动型，而且技术进步与资本积累的差异对地区差异都具有极强的解释力，因而既从一定程度上有效弥补了已有研究片面强调技术进步或要素积累尤其是资本积累作用的缺陷，又突出了技术进步在改进投资质量和积累有效性方面的重要作用，而投资质量和积累有效性的改进对中国经济增长同样起到至关重要的作用（郑玉歆，2007）。其二，该分析框架突出了以市场为导向的手段在缩小地区差异中的重要作用。尽管政府一直力图通过加大对落后地区的财政转移支付力度等政策措施，来缩小地区差异，然而迄今为止中西部地区并未获得更快的发展。一个重要的原因就在于这些单纯通过非经济激励手段引向落后地区的投资中的相当一部分又流向了发达地区。因此，解决之道还在于通过提高人力资本等手段来提高落后地区的全要素生产率，从而提高落后地区的资本边际生产率，刺激资本回流。这也会提高落后地区的劳动边际生产率，吸引劳动力向落后地区流动。毋庸置疑，随着中国市场化进程的不断推进，这种以市场为导向的手段对地区差异的缩小将起到至关重要的作用。其三，这一框架使我们能够理清导致增长差异的直接因素以及更为重要的最终因素，而不是如曼库尔·奥尔森所言："找出的仅仅是'江河源头'，而不是形成这些'源头'的雨水'"，因而对缩小地区差异的实践更具指导意义。具体来说，我们能够根据各地区的要素边际生产率判断当前中国地区间生产要素的流向，能够根据技术进步的决定因素提出改变这种流向进而缩小地区差异的有针对性的政策建议。

第二，本书在分析人力资本对全要素生产率的重要作用时，对人力资本等因素对 TFP 的年均贡献率进行了测算，并据此分析它们在各地区对 TFP 贡献的相对重要性。这种定量研究方法的引入，突破了已有研究往往仅限于描述性说明的做法。另外，本书使用了人均教育年限这一相对来说更为精确的人力资本的替代指标，而其他同类研究大都采用在校中学或大学生人数占总人口的比例、大学毕业生数占总人口的比重表征人力资本。

第三，本书对人力资本促进经济增长的作用机制进行了检验。诸多研究表明人力资本对经济增长的直接贡献有限，为此，我们对人力资本的作用机制进行了实证检验。由于相关数据的难以获得等原因，国内关于这方面的实证研究基本上没有。

第四，教育支出的投资性决定了其投资主体的投资决策同样取决于对成本与预期收益的权衡，有鉴于此，基于生产函数、TFP 方程，本书估算了中国各地区各级教育投资的社会内部收益率，从定量角度分析了中国进一步加大教育投资，增强对落后地区教育投资扶持力度的合理性，在此基础上所提政策建议更具说服力与针对性。

第 2 章

理论回顾与研究综述

2.1 人力资本与经济增长差异的理论概述

2.1.1 人力资本的基本含义

目前,经济理论界对人力资本的理论内涵并没有一个统一的定论。舒尔茨(Schultz, 1962)将人力资本界定为"人民作为生产者和消费者的能力","是体现于人身上的知识、能力、和健康。"萨洛(Thurow, 1970)认为人力资本应"定义为个人的生产技术、才能和知识。"贝克尔(Beker, 1987)进一步将人力资本与时间联系起来,他认为"人力资本不仅意味着才干、知识和技能,而且还意味着时间、健康和寿命。"中国学者李忠民(1999)从知识、技术、信息商品化入手,定义人力资本为"凝结在人体内,能够物化于商品或劳务,并以此分享收益的价值。"王金营(2001)在综合国内外学者有关人力资本定义的基础上,认为人力资本是由通过投资形成凝结在人身体内的知识、能力、健康等所构成,能够物化于商品和服务,增加商品和服务的效应,并以此获得收益的价值。由此可见,不同学者由于各自的理解和研究目的不同,对人力资本的定义也就不同,但其中有一种共识,就是人力资本是人的教育、知识、技能等的综合体。正是基于这样一种共识与根据可观察能力对人力资本进行分类的需要,本书将人力资本界定为:人力资本就是通过对人自身投资而形成的人的能力的提高或积累。对此定义我们可以把握两点:(1)人力资本是投资的产物，它能带来未来的满足或者收入。(2)人力资本体现在劳动者身上，指凝聚在劳动者身上的知识、技能及其表现出来的能力。这正如舒尔茨所说："我们之所以称这种资本为人力的，是由于它已成为人的一部分，又因为它可以带来未来的满足或者收入，所以将其称为资本。"

鉴于资本的传统概念的禁锢，人力资本理论的首倡者舒尔茨(Schultz，1961)指出，理解人力资本这一概念，首先需要进行观念的更新。因为按照传统观念来看，如果承认人力资本这一概念，那就等于承认人只不过是与物质财富等同的东西，这就大大贬低了人的尊严。但是，舒尔茨认为，古典经济学的劳动概念仅仅把劳动看作只需要少量知识和技能的劳动能力，这种情况不符合当今经济的实际情况。因为人类时时都在向其自身投资，而且投资数量巨大。一旦将人力资本投资考虑进经济增长的影响因素之中，就能解决许多与现代经济增长有关的矛盾和难题。我们认为，虽然古典经济学也曾明确区分了简单劳动与复杂劳动，但在古典经济学那里，劳动只停留在抽象分析的层次上，不能进行经验上的计量，而人力资本是可以计量的，又是与物质资本可以在内涵上相容的。作为资本，必须具有可积累性、可增值性和投资的可选择性，而人力资本均具有上述特征。因此，使用人力资本这一概念，应该算是理论上的一个进步。

人力资本的正规定义和表现形式，可以从布劳格(Blaug，1976)的概述中得到理解：

"人力资本的概念是这样一种思想，即人们通过各种不同的途径花在自己身上的开支，不是为了眼前的享受，而是为了将来在金钱方面和非金钱方面的利益。他们可以花钱购买卫生保健；可以自愿受到更多教育；可以花时间来寻求可能获得最优报酬的职位；可以购买有关就业机会的信息；可以进行迁徙以便获得更好的就业机会；最后，他们宁可选择工资较低但有可能学到高级专业知识的工作，而不是选择工资较高但没有出路的工作。"

布劳格的上述概括，明确地揭示了人力资本的投资性质，而且指出了人力资本投资的几种形式：教育、卫生、就业调查、信息获得、迁移以及在职培训。

2.1.2　人力资本的度量

从 20 世纪 60 年代以来，许多经济学家力图通过经验研究发现人力资本对经济增长的贡献及其大小。经验研究属于定量分析，因此有必要了解如何将人力资本加以量化及有关估计方法。下面我们主要阐述已有经验研究中的常用做法。

(1) 教育经费法。教育经费法从人力资本核算的角度测算培养劳动力的教育和培训成本，是度量人力资本存量的重要方法之一。培养劳动力的人力资本成本可分为公共支出部分与个人支出部分。公共支出部分主要来源于财政支出中的公共教育经费，同时还应包括用于劳动力保健和劳动保险的公共支出部分，来源于其他渠道的非财政教育经费，以及企业和公共机构用于劳动力培训和人力资源开发方面的支出等。除公共教育经费外，其他支出的统计很不完全，甚至没有统计，不同数据来源的资料统计口径也存在很大差异，可比性很差。因此，在实际运用中一般只考虑公共教育支出部分，如 Barro(1991)，Otani 和 Delano(1990)，巴罗和萨拉-伊-马丁(1995)，蔡增正(1999)，沈利生、朱运法(1999)，张帆(2000)等。这种方法由于忽略了其他公共支出和个人支出部分而低估了实际的人力资本存量。

(2) 受教育年限法。受教育年限法也属于投入角度的度量方法，其具体做法是先将劳动力分类，然后按照不同劳动力的人力资本特质对其进行加权求和，即得到总的人力资本存量。

$$H_t = \sum_{i=1}^{n} HE_{it} \cdot h_i$$

其中，H_t 为 t 年人力资本总存量，HE_{it} 为 t 年第 i 学历层次劳动力人数，h_i 为第 i 学历水平的受教育年限(学制)。这种方法简明扼要，数据的可得性与精确性都令人满意，因此，使用该方法估计人力资本存量的文献比较多，如巴罗和萨拉-伊-马丁(1995)、蔡昉、王德文(1999)、崔玉平(2000)、侯亚菲(2000)、李坤望(1998)等。

(3) 各级教育入学率。用初等或中等或高等教育入学率作为人力资本的替代指标,如 Barro(1991);Mankiw, Romer 和 Weil(1992)等。

事实上,不同的度量方法都有各自的优势和不足①,另外,研究目的、研究手段、数据的可得性和可靠性等也是影响度量方法选择的重要方面。从已有文献看,由于受到数据可得性的限制,进行国家间比较时一般采用入学率和政府公共教育支出这两个指标,而在一国范围内进行研究时可综合运用上述指标。本书根据数据的可得性将主要采用劳动力受教育年限表征人力资本存量。

2.1.3 人力资本在解释经济增长差异中的重要作用

人力资本作为经济增长影响因素纳入经济增长问题研究开始于 20 世纪 50 年代。20 世纪 50 年代以前,受传统经济理论关于资本同质、劳动力同质假定的禁锢,经济学家主要是从资本和劳动力因素探讨经济增长,其中以英国经济学家哈罗德(Harrod)和美国经济学家多马(Domar)为典型代表。他们建立的哈罗德—多马增长模型强调资本对经济增长的决定作用,认为资本的不断形成是经济持续增长的决定因素。美国经济学家索洛(Solow)、澳大利亚经济学家斯旺(Swan)和英国经济学家米德(Meade)提出的新古典经济增长模型虽然认为经济增长是由劳动和资本与技术进步共同作用的结果,但他们将技术进步视为外生变量,没有解释技术进步是怎样发生的。正因为仅仅强调生产过程中的"物"的因素而忽视了"人"的因素,传统经济理论无法合理解释 20 世纪 50 年代出现的许多"经济之谜",如如何解释美国的产出增长率远远超出了生产要素投入增长率?美国作为一个资本充裕的国家,为何其出口的大部分产品并不是资本密集型产品,而是劳动密集型产品?等等。在此历史背景下,舒尔茨(Schultz, 1961)提出了人力资本理论。他利用古典经济学的资本概念,将资本分为常规资本和人力资本两种形

① 详细论述可参见:Wößmann Luder,"Specifying Human Capital: A Review, Some Extensions, and Development Effects",Kiel Working Paper No. 1007,http://ideas.repec.org,2000-10-06。

式,认为人力资本是影响经济增长的关键因素。众多事实也证明,人力资本的引入,不仅能合理解释诸如“经济之谜”之类的许多国际经济学界的难题,而且随着经济增长对技术进步依赖性的增强,其作用日益突出。

正是人力资本对经济增长的重要作用使其成为了解释国家、地区间经济增长差异的关键因素。尼尔森和菲尔普斯(Nelson and Phelps, 1966)的追赶模型表明,人力资本通过创新与技术吸收,加速技术扩散促进经济增长。因此国家间经济增长的差异产生于影响这些国家技术进步能力的人力资本存量的差异。新古典增长理论方面,Mankiw、Romer 和 Weil(1992)针对索洛模型的不足——没有正确预测储蓄和人口增长对收入影响的大小,将索洛模型扩展为同时包含物质资本和人力资本,并且允许投资和人口增长率存在跨国差异。他们的研究表明物质资本和人力资本的差别能解释 78%的跨国收入差异①。内生增长理论也对人力资本对经济增长差异的解释力进行了揭示。卢卡斯(Lucas, 1988)吸收宇泽模型(Uzawa, 1965)的思想,借鉴罗默模型(Romer, 1986)的处理技术,将人力资本作为一个独立要素纳入经济增长模型,以期解释经济的持续增长。基于两资本模型和两商品模型的主要结论,卢卡斯认为经济增长的源泉是人力资本积累,因此所有国家之间经济增长的差异可以归因于这些国家在人力资本积累上的差异。罗默(Romer, 1990)基于其两时期模型存在的缺陷,通过引入人力资本变量构建了一个两部门模型,该模型表明人力资本是影响经济增长的关键因素,人力资本水平越高的国家或地区,其经济增长也较快,因而较好地解释了各国经济增长的差异。

2.1.4　人力资本对经济增长的作用机制

认识到人力资本是经济增长的源泉固然重要,但更为重要的是要弄清楚人力资本是怎样作用于经济增长的,也就是理解人力资本的作用机制问题。只有弄清

① 尽管 Mankiw, Romer 和 Weil 强调该模型在理论和经验研究上与跨国收入水平差异的典型化事实一致,但扩展的索洛模型同样因技术进步外生等不足而遭到许多学者的批评。

了人力资本对经济增长的作用机制,我们才能从微观层面上理解人力资本与经济增长的关系,才能从宏观层面上提出有针对性的政策建议来促进人力资本作用的发挥。同时,这对我们构建和选择相关模型,以实证研究人力资本与经济增长差异的关系也具有重要的指导意义。那么,人力资本到底是如何作用于经济增长的呢?我们沿袭 Aghion 和 Howitt (1998)的线路,在卢卡斯式与尼尔森—菲尔普斯式两种主要作用机制的框架内,综合国内外学者的研究成果,提炼出以下作用机制:

1. 卢卡斯式作用机制

卢卡斯(1988)认为,人力资本作为生产过程中的一种独立要素,通过其内在效应与外在效应来促进经济增长。内在效应由舒尔茨的通过脱产的正规或非正规教育形成的人力资本产生,表现为人力资本投资与积累使投资者自身收益递增。因为人力资本投资与积累提高了投资者的知识和技能,使他们具有更高的劳动生产率,因为他们具有更高的分辨力,能随时随地抓住投资获利的机会。这种“企业家式才能”的提高当然能使其在有效率的资源配置中获得收益的上升,正是人力资本投资的增加使通过劳动所挣得的收入相对于财产收益而言有所增加。这种知识、能力提高了市场经济或非市场经济活动中经济决策的效率,从而促进了产出的增长。外在效应由阿罗的边干边学形成的人力资本产生,表现为人力资本投资与积累使其他生产要素的收益递增。因为在高人力资本环境下,每个人的专业化人力资本,即专业技术知识通过向他人学习或相互学习从一个人扩散到另一个人,在人们之间传递,使人们的平均技能水平或人力资本存量提高,因此,每一技术层次上的人都具有较高的生产率,这样一方面会增进原有物质资本的使用效率,另一方面还会提高生产中采用的更高质量的新物质资本的使用效率,因为新的物质资本的使用要求劳动者具有新的知识与技能。

总之,卢卡斯式作用机制的实质是:人力资本是作为生产过程的直接投入要素来促进经济增长,并不需要其他要素的配合。由此得出的结论及政策含义为:人力资本积累是经济长期增长的原动力,国家间人力资本积累率的差异导致了经济增长的差异。发展中国家要缩小与发达国家的经济差距,必须实行大力提高人力资本积累率的政策。

2. 尼尔森—菲尔普斯式作用机制

尼尔森—菲尔普斯(1966)认为,人力资本对经济增长的促进作用体现在两个方面:创新知识(技术)和加速技术的吸收与扩散。其一,人力资本是知识创新的重要源泉,因为任何科学和技术都是由人创造的。而知识具有非竞争性和部分排他性两个重要特征,这意味着知识(技术)对他人、社会有“溢出效应”,即一种新知识或新方法在单个企业或部门的运用会很快对其他企业或部门产生示范作用,从而形成外部经济效应。这样,一方面,知识的部分排他性保证了创新者可以从技术创新中得益,另一方面,它的非竞争性又使得他人从中得益,即一个人创新的知识在提高自身生产效率的同时,也提高了他人的生产效率,这使得任何个人生产的新知识都能提高整个社会的生产效率。正是这种溢出效应的存在,保证了资本的边际生产力不因固定生产要素报酬递减而降低,从而保证收益递增的持续增长。另外,新知识的增加会产生“知识替代效应”,它一方面使我们可以克服经济发展中自然资源、物质资本与“原生劳动”之不足,另一方面会带来生产方法的重大变革和生产能力的成倍增长,使同量的投入能够带来更多的产出,从而消除物质资本等要素边际收益递减对经济长期增长的不利影响,保持经济的可持续发展。其二,人力资本是技术吸收与扩散的必要条件,因为没有相应的人力资本条件,任何技术都不能应用或不能有效地应用。在其他条件一定的情况下,人力资本存量越大,技术吸收与扩散的速度就越快,从而使新的更好的物质资本发挥更大的作用,促进产出的增长。

尼尔森—菲尔普斯式作用机制的实质在于:人力资本是通过科技进步这一中介,间接地对经济增长产生作用,即经济增长主要由技术创新率和现存技术的吸收与扩散速率推动,而人力资本则是影响二者的关键。由此得出的结论及政策含义是:影响一国技术创新和追赶发达国家能力的人力资本存量是其经济增长的“引擎”,因为人力资本存量的提高将缩小实际技术水平与理论水平的差距,并且缩小差距的时间也将减少。一国必须实施扩大能提高其技术创新能力的人力资本存量的政策来加快经济发展。

卢卡斯式作用机制与尼尔森—菲尔普斯式作用机制的区别在于：前者假定教育对个人从事一切工作（不管是日常的还是创新的）的生产率的影响是相同的，这意味着人力资本被视为生产函数中的普通投入品；教育的边际生产力恒为正，即技术保持不变。而后者则假定教育主要提高个人的创新、技术吸收和加速技术扩散的能力，这意味着教育的边际生产力只有在技术进步条件下才为正。

2.2 人力资本、要素边际生产率与地区差异：一个综合分析框架

不断扩大的地区差距日益成为众多学者所关注的焦点。他们从不同的角度，采用不同的方法力图回答地区差距的结构性原因，具体的影响因素有哪些？等关键问题，在此基础上引申出缩小地区差距的政策建议。

从已有文献来看[①]，一些学者利用刻画地区差距的不平等指数（基尼指数、GE指数、变异系数）在一定条件下加性可分的良好性质，对中国的地区总体差异按地理组群[②]、城乡或产业等进行分解，以分析地区总体差异的来源或者构成。

对地区总体差异按地理组群进行分解的结果表明：组群间的差异在总体差异中占据主导地位，且其对总体差异的贡献不断提高，而各组群内的省际差异则趋于缩小或基本稳定在一个较低的水平上（Tsui，1991；魏后凯，1996；林毅夫等，1998；Yao and Zhang，2001；Yao and Zhang，2003；范剑勇、朱国林，2002；Kanbur and Zhang，2003）。

对地区总体差异按城乡进行分解的结果显示：城乡间的差异对总体差异的贡献最大，农村地区内省际差异对总体差异的贡献又高于城镇地区内省际差异（魏

① 鉴于我们的研究着眼于宏观数据，本书的文献综述更关注利用宏观数据进行的地区差距研究。李实（2003）对运用微观数据进行的地区差距研究做了很好的文献综述。

② 常见的地理组群包括：东中西三大地区、沿海与内陆。更为细分的地理组群有：直辖市、东部、中部、西部（范剑勇、朱国林，2002）以及世界银行（1995）划分的7类地区等。

后凯，1996；World Bank，1997；Yang，1999；林毅夫等，1998；Kanbur and Zhang，1999；Kanbur and Zhang，2003）。

对地区总体差异按产业进行分解后发现：虽然第二产业的差异构成了总体差异的主要部分，但其贡献趋于下降；第三产业的差异对总体差异的贡献居第二位且呈上升趋势；而第一产业的差异对总体差异的贡献相对较小，虽然也呈上升趋势（林毅夫等，1998；范剑勇、朱国林，2002）。

对地区总体差异的来源或者构成按地理组群、城乡或产业等进行分解，虽然能够探讨差距的结构性因素，使我们能够了解引起整体性不平等的主要原因，但是它们并不足以为我们揭示差距之外的具体的影响因素及其作用机制。因此，一些学者采用将刻画地区差异的不平等指数对相关变量进行回归的方法，来分析影响中国地区差异的具体因素。

魏尚进等（Wei et al；2001）指出，全球化有助于缩小城乡收入不平等。Kanbur 和 Zhang（2003）研究了三个关键政策变量——重工业优先发展、财政分权、开放度对地区差异的影响，结果表明财政分权政策和开放度对改革开放以来的地区差异（包括总体差异、城乡间差异、沿海与内陆间差异）的形成起到了重要作用，而重工业优先发展的政策对改革开放以前的地区总体差异和城乡间差异，尤其是后者有显著的影响。陆铭、陈钊（2004）的研究显示中国持续扩大的城乡收入差距与地方政府实施的带有城市倾向的经济政策有关。章奇（2001）的研究也表明，影响地区之间发展水平差异的因素包括对外贸易规模、国有化的程度、中央宏观调控能力的高低、财政分权以及发展战略的演变。

上述回归方法关注的是收入的水平值的差异，而找出导致收入增长差异的原因更有利于揭示导致地区收入差异的根源与机制，因为收入的水平值的差距归根结底是由初始水平差距和经济长期增长差距所致。因此，另一些学者利用新古典增长理论的框架，通过实证检验收敛假说来研究影响中国经济增长差异的各类因素。

Fleisher 和 Chen（1996）在控制了物质资本和人力资本投资率、就业增长率、外商直接投资、沿海地区的哑变量后，发现 1978—1993 年间的人均产出存在趋同。

Raiser(1998)的研究表明,1978—1992年间人均收入存在条件趋同。Yao和Zhang(2001)也发现了人均实际GDP的条件趋同,在控制投资率、出口占GDP的比例、人口增长率、距海岸的距离的前提下。基于1978—1998年的省际数据,Cai、Wang和Du(2002)报告了在控制初始人力资本存量、劳动参与率、农业比较劳动生产率、市场化水平、投资率、投资效率、政府消费支出比例后的人均实际GDP的趋同。

虽然基于新古典增长理论收敛假说的实证检验相比于对地区差距的分解更进了一步,揭示了许多影响地区经济增长差异的因素,然而该方法至少存在以下局限性:第一,参数估计结果不够稳健(Levine and Renelt, 1991; Levine and Renelt, 1992; Durlauf and Quah, 2001; Lindauer and Pritchett, 2002)。第二,许多解释变量如投资率等存在内生性问题,而有效的工具变量难以获得,尤其是在消除一些宏观政策变量的内生性时(Temple, 1999; Barry and Susan, 2003)。第三,难以直接阐释各类因素作用于地区差异的机制(Fischer, 1993),而对地区差距形成机制的揭示则是增强理论研究工作解释力与说服力的关键。

鉴于已有研究之不足,本书把研究地区差异的切入点置于要素的投入与其使用效率,这主要是基于以下考虑:其一,经济增长与生产过程中的要素投入量及其使用效率密切相关,要素投入量与其使用效率的差异是引起地区差异的直接原因。其二,尽管中国经济增长仍属要素驱动尤其是资本驱动型,但全要素生产率对经济增长的促进作用不断增强,已成为经济增长的重要源泉①(World Bank, 1997;李京文、钟学义,1998; Wang and Yao, 2003;邓翔、李建平,2004;徐现祥、舒元,2004;梁红、易峘,2005; OECD, 2005;傅晓霞、吴利学,2006; Tochkov et al., 2007),而且全要素生产率的差距已成为或正逐渐成为中国地区差距的关键性决定因素(傅晓霞、吴利学,2006;李静等,2006)。其三,资本积累与技术进步相互融合,存在着不可分割的有机联系。事实上,物质资本积累与技术进步的动态融合

① 尽管已有研究在中国经济增长的源泉这一问题上存在两种不同的结论:资本驱动型、技术进步驱动型,但不可否认的是,在要素驱动中国经济增长的过程中,技术进步的作用正日益凸显。

是中国经济增长的一个典型化事实(赵志耘,2007),因此,在中国经济增长所具有的这种阶段性与特殊性背景下,片面强调要素积累或技术进步的重要性都将不利于中国经济的持续增长和地区差异的缩小。根据增长理论,资本积累和技术进步是经济增长的两个重要的直接(最近的)推动因素①。迄今为止,尽管在资本积累和全要素生产率(技术进步)提高对解释地区差异的相对重要性这一问题上尚无一致意见②(Barry and Susan, 2003;傅晓霞、吴利学,2006;李静等,2006;郑玉歆,2007),但 Grossman 和 Helpman(1991)指出,增长理论家没有必要在强调技术的模型和强调资本积累的模型之间进行选择,因为即使技术进步成为了经济长期增长的引擎,资本积累在经济转型阶段中仍将发挥极其重要的作用。由此可知,在解释跨国或地区经济增长差异时将要素积累和全要素生产率割裂开的二分法可能是错误的,因为它没有将收入差异的最近的和最终的决定因素结合起来考虑(Aiyar and Feyrer, 2002)。因此,建立要素积累和全要素生产率间的有机联系成为解释中国经济增长差异的关键。

那么,要素积累和全要素生产率之间的有机联系是什么呢?根据经济增长理论,经济增长的直接推动因素是物质资本积累和全要素生产率,既然物质资本积累是中国经济增长的最重要的推动因素,那么地区差异的缩小将在很大程度上有赖于物质资本积累的地区差异的缩小,而物质资本积累的地区差异与物质资本的边际生产率的地区差异密切相关,因为随着经济体制改革的深入和各地区市场化进程的加快,行政性资源配置格局正逐渐被打破,市场导向的资源配置方式促使生产要素流向收益率较高的地区。在这一背景下,经济活动的行为主体受利润最大化动机的驱动,将能否获取较高的投资收益率作为其投资决策的重要依据。一般来说,生产要素边际生产率会影响到生产要素流动和投资决策。如果根据生产要素的边际生产率来决定生产要素收入,那么生产要素将向边际生产率高的地区

---

① 假定生产函数为:$Y_{it} = A_{it}K_{it}^{\alpha}L_{it}^{1-\alpha}$,其中 Y 为总产出;A 为技术水平;K 为资本存量;L 为劳动力投入。该式可化为:$y_{it} = A_{it}k_{it}^{\alpha}$,这里 y 是人均产出;k 为资本劳动比。

② 新古典增长理论基于技术进步外生的假定,认为各国技术进步水平大致相同,因而增长率的差异应归因于要素投入的差异。而新增长理论则指出,增长差异的根源在于技术进步的差异,要素积累的多寡难以成为解释经济增长差异的根本原因。

流动。这意味着如果某地区要素的边际生产率较高，该地区就能吸引到更多的要素流入，从而实现要素的较快积累和经济的较快增长。从这一意义上讲，缩小地区差距无异于缩小地区间的生产要素报酬(蔡昉、王德文，2002)。那么，又该如何来缩小生产要素的边际生产率的地区差异呢？理论上，实现地区间生产要素报酬均等化的途径主要有两种：其一，生产要素在地区间的流动。由于资本倾向于从资本充裕的地区流向资本稀缺的地区，而劳动力则倾向于以相反的方向流动，地区间的资本劳动比率将趋于相等，从而生产要素报酬实现均等化。其二，地区间的产品贸易。根据国际贸易理论，各个国家或地区如果基于各自不同的生产要素禀赋，生产具有不同的生产要素密集度的产品，并通过贸易出口那些包含充裕生产要素的产品，进口那些包含稀缺生产要素的产品，那么，它们就可以充分发挥各自的比较优势，增加总福利水平。由于具有与生产要素流动相似的性质，产品贸易同样具有均等化地区间要素报酬的效果(蔡昉、王德文，2002)。然而，从中国的实际情况来看，一方面，市场导向的要素流动不论是资本还是劳动力都是从欠发达的中西部地区流向较发达的东部地区(王小鲁、樊纲，2004)；另一方面，随着国际贸易量的上升，省内贸易量也上升，但省际贸易量在下降(Poncet Sandra, 2002；沈坤荣、李剑，2003)。因此，我们有必要进一步研究缩小生产要素边际生产率地区差异的途径，下面我们将通过一个理论模型来探讨这一问题。

假定生产函数为：

$$Y_i = A_i K_i^{\alpha} L_i^{1-\alpha},\ i = 1,\ 2 \tag{2.1}$$

这里，Y 是产出；K、L 分别为资本和劳动力投入；$i=1$ 代表发达地区；$i=2$ 代表欠发达地区。由式(2.1)可求得资本和劳动的边际生产率分别为：

$$MPK_i = \alpha A_i (K_i/L_i)^{\alpha-1} \tag{2.2}$$

$$MPL_i = (1-\alpha) A_i (K_i/L_i)^{\alpha} \tag{2.3}$$

式(2.2)和式(2.3)表明，资本边际生产率与全要素生产率成正比，但与资本劳动比成反比；劳动边际生产率与全要素生产率成正比，与资本劳动比也成正比。

根据式(2.2)我们可求得发达地区与欠发达地区的资本边际生产率之比：

$$\frac{MPK_1}{MPK_2}=\frac{A_1}{A_2}\left(\frac{K_1/L_1}{K_2/L_2}\right)^{\alpha-1} \tag{2.4}$$

从中国的实际情况来看，发达地区的资本边际生产率和资本劳动比相对高于欠发达地区，因此 $\frac{MPK_1}{MPK_2}>1$，$0<\left(\frac{K_1/L_1}{K_2/L_2}\right)^{\alpha-1}<1$，这样可推知 $\frac{A_1}{A_2}>1$，这表明尽管发达地区的资本劳动比高于欠发达地区，但它所具有的比欠发达地区更高的全要素生产率，维持了它较高的资本边际生产率①，而正是较高的资本边际生产率促进了发达地区较高的资本积累。尽管发达地区与欠发达地区之间的资本劳动比的差异还在持续扩大，但中国发达地区的资本边际生产率在总体上仍要高于欠发达地区②，这表明欠发达地区只有通过大幅度的提高全要素生产率水平，才能缩小它与发达地区在资本边际生产率上的差异。而欠发达地区资本边际生产率提高，就能吸引资本流向欠发达地区，促进其资本积累，这样欠发达地区就能获得较快的经济增长，从而缩小甚至消除与发达地区的差距。

对劳动边际生产率而言，由于发达地区与欠发达地区之间的资本劳动比的差异还在持续扩大，加之前者的全要素生产率更高，发达地区的劳动边际生产率也高于欠发达地区，而且劳动边际生产率的地区差异也呈增大趋势。因此，欠发达地区劳动边际生产率的提高也有赖于全要素生产率的提高。

综上分析，全要素生产率对要素边际生产率，从而对要素积累，进而对经济增长具有重要影响③，据此推断，再综合考虑到决定收入差异的最近的和最终的决定因素，本书拟遵循全要素生产率影响因素—全要素生产率—要素边际生产率—要素积累—经济增长的技术线路来研究中国地区差异问题④。该技术线路强调了技术进步对要素边际生产率、要素积累、经济增长的重要影响，因而既符合转型期中

① 尽管中国各地区的资本劳动比持续上升，但资本的边际生产率在经历一段时期的下降后保持在一个稳定的水平上（蔡昉、王德文，2002；龚六堂、谢丹阳，2004，Fleisher，Li and Zhao，2006），这表明各地区的 TFP 在提高。

② Fleisher、Li 和 Zhao（2006）以及本书接下来的实证研究证实了这一点。

③ 蔡昉、王德文（2002），龚六堂、谢丹阳（2004）也研究了要素边际生产率的变化情况，但他们是从要素市场发育程度如流动性方面展开原因分析的。

④ 本书的研究思路来源于 Fleisher、Li 和 Zhao（2006）的研究，但他们没有强调虽然技术进步作用日益凸显，但中国经济增长仍属要素驱动型，而且要素积累和技术进步均为解释中国地区差异的关键直接因素这一重要前提，因而未能突出该研究思路在分析中国地区增长差异这一问题上的重要性。

国经济增长要素驱动型特征，又反映了技术进步对改进投资质量和积累有效性的重要作用，而投资质量和积累有效性的改进对中国经济增长同样起到至关重要的作用(郑玉歆，2007)。

在已有的大多数地区差异的研究中，人力资本受到了广泛的重视。理论上，尼尔森和菲尔普斯(Nelson and Phelps, 1966)指出人力资本通过技术创新与技术吸收，加速技术扩散促进经济增长。因此国家间经济增长的差异产生于影响这些国家技术进步能力的人力资本存量的差异。罗默(Romer, 1986、1987、1990)认为技术进步是知识内生积累的结果，而人力资本则是知识积累的关键因素，人力资本是通过创造知识进而对经济产生正的“溢出效应”。因而人力资本是影响经济增长的关键因素，人力资本水平越高的国家或地区，其经济增长也较快。卢卡斯(Lucas, 1988)则直接用人力资本代替“知识”，使其内生化，通过人力资本的“内部效应”与“外部效应”分析，将一国经济增长的源泉和各国经济增长的差异成因全部归之于人力资本。然而，对人力资本与经济增长差异所进行的实证研究的结论并不一致(Barry and Susan, 2003)。Hall 和 Jones(1999)利用其发展的分解方法，把 127 个国家的劳均产出分解为资本密度(资本产出比)、人力资本和全要素生产率的贡献，结果表明，人力资本的差异只能解释劳均产出差异的小部分。Klenow 和 Rodriguez(1997)、Easterly 和 Levine(2001)使用跨国数据，运用方差分解法发现全要素生产率能够解释约 90%的真实人均产出的增长差异，而人力资本的贡献不大。Barry 和 Susan(2003)在总结已有实证研究的局限性的基础上，采用增长核算方法和方差分解法同样没有发现人力资本与经济增长间的强相关关系。国内众多学者利用中国的样本数据也进行了大量的相关研究。徐现祥、舒元(2004)运用数据包络方法(DEA)对 30 个省区 1982—1998 年间的经济增长进行分解后指出，物质资本积累是各省区经济增长及其差异的主要源泉，人力资本的贡献相对较小。李坤望、黄玖立(2006)沿用 Hall 和 Jones(1999)、Klenow 和 Rodriguez(1997)的方法分解了各省的劳均产出，发现人力资本对劳均产出差异的解释力较低。利用增长核算法或方差分解法的诸多研究同样表明人力资本对中国经济增长的贡献不大(王小鲁，2000；Barry and Susan, 2003；杨建芳、龚六堂等，

2006；谭永生，2007）。另一些学者则通过收敛假说的检验来研究人力资本对地区差异的影响。Mankiw、Romer 和 Weil（1992）发现人力资本和物质资本的差异能够解释 78％的人均收入差异。Barro 和 Sala-I-Martin（1995），蔡昉、都阳（2000），沈坤荣、马俊（2002）等的研究表明，人力资本投资对于缩小地区差距至关重要。Démurger（2001）等的研究也显示，在缩小地区经济发展差距方面，通过科技、教育和医疗卫生投入促进人力资本积累比加大在基础设施上的物质资本投资更重要。

上述两类方法的实证研究得到了看似矛盾的结论：分解法结果显示人力资本的贡献不大，而收敛假说检验中人力资本的作用得到凸显。主要原因在于：分解法求得的是人力资本的直接贡献，而人力资本可能主要通过技术进步这一中介间接地产生作用（Nelson and Phelps，1966；Benhabib and Spiegel，1994；Islam，1995；刘智勇等，2008），因而分解法对人力资本的贡献存在低估的可能。虽然收敛假说检验捕捉的也是人力资本的直接影响，但其结论主要是基于人力资本对地区差异是否具有统计上的显著影响来作出，而不是以具体量化其贡献率的方式。该方法以巴罗回归为基础，解释变量包括人力资本等要素积累和宏观经济政策变量。由于其中某些变量尤其是一些宏观经济政策变量同时影响增长和投资，因此该方法缺乏直接的解释力（Fischer，1993），而且还存在回归结果不够稳健等缺陷（Temple，1999；Levine and Renelt，1991，1992；Durlauf and Quah，1999；Lindauer and Pritchett，2002；Barry and Susan，2003）。总之，要素贡献分解法分解的是人力资本的直接贡献，收敛假说检验主要反映人力资本对地区差距是否有直接影响，它们都缺乏对人力资本作用于地区差距的机制尤其是间接作用机制的深入探讨[①]。即使某些研究也遵循了人力资本促进技术进步，进而经济增长这一间接作用机制，但这一作用机制没能反映中国经济增长仍为要素驱动型，以至于要素积累对地区增长差异具有重要影响这一典型特征。

正是鉴于中国经济发展的阶段性与特殊性：人力资本对地区差距的直接解释

① 人力资本较小的直接贡献也反映出其间接作用机制的重要性。

力不强；技术进步作用日益凸显（Ezaki and Sun，1999；Wu，2000；Liu and Yoon，2000），以至于资本的边际生产率得以维持在较高水平；经济增长为要素驱动型，要素积累尤其是其质量和有效性对经济增长仍将起到至关重要的作用，我们提出如下研究中国地区差异的综合分析框架（见图 2.1）

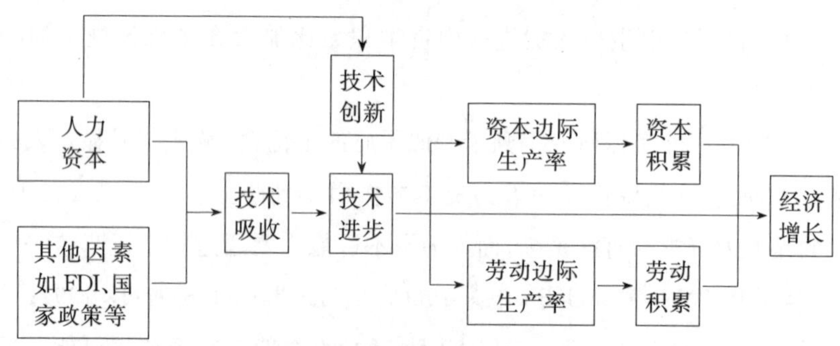

图 2.1　地区差异的综合分析框架

该分析框架的主要优势在于：第一，根据技术进步、要素边际生产率、要素积累之间的关系来探寻人力资本和地区差异之间的关系，既考虑了人力资本对经济增长间接作用的重要性，又符合当前中国经济增长的典型特征：尽管技术进步的作用不断增强，但经济增长模式仍属要素驱动型，而且二者均为解释中国地区差异的重要直接因素，因而能从一定程度上有效弥补已有研究片面强调技术进步或要素积累尤其是资本积累的作用的缺陷。第二，该分析框架突出了以市场为导向的手段在缩小地区差异中的重要作用。尽管政府一直力图通过加大对落后地区的财政转移支付力度等政策措施，来缩小地区差异，然而迄今为止中西部地区并未获得更快的发展。一个重要的原因就在于这些单纯通过非经济激励手段引向落后地区的投资中的相当一部分又流向了发达地区。因此，解决之道还在于通过提高人力资本等手段来提高落后地区的全要素生产率，从而提高落后地区的资本边际生产率，刺激资本回流。这也会提高落后地区的劳动边际生产率，吸引劳动力向落后地区流动。毋庸置疑，随着中国市场化进程的不断推进，这种以市场为导向的手段对地区差异的缩小将起到至关重要的作用。第三,这一框架使我们能够厘清导致增长差异的直接因素以及更为重要的最终因素,因而对缩小地区差异的实践更具指导意义。具体来说,我们能够根据各地区的要素边际生产率判断当前中国地区间生产要素的流向,能够根据技术进步的决定因素提出改变这种流向,进而缩小地区差异的有针对性的政策建议。

第3章

中国地区经济差异的典型化事实

1978年改革开放以来，中国经济虽然持续高速增长，社会财富也得到迅速积累，但改革和发展的成果并没有被公平分享，表现之一为地区差异扩大问题日益严峻。那么，造成地区差异扩大的原因是什么？应该采取何种政策来缩小地区差异，实现区域经济的协调发展，以保证社会的公平和稳定，让全体人民公平分享改革和发展的收益？毫无疑问，对这些问题的研究与解答要求我们必须深入了解中国地区差异的状况与演变，为此众多国内外学者或研究机构（Tsui，1991；World Bank，1995，1996，1997，2000；魏后凯，1996；万广华，1998；林毅夫等，1998；Kanbur and Zhang，1999；Yang，1999；Xu and Zou，2000；Yao and Zhang，2001；Gustafsson and Shi，2001；Démurger et al.，2001；林毅夫、刘培林，2003；范剑勇、朱国林，2002；Kanbur and Zhang，2003；Yao and Zhang，2003；Yao et al.，2004；Yao，2005；瑞扎·尚柯、沙安文，2006；Fleisher et al.，2006）运用诸多地区差异衡量方法（极差、平均标准差、基尼系数、变异系数、GE指数等），结合各种地区差距的衡量指标（劳均GDP或劳均GNP、人均GDP或人均GNP、人均消费、人均收入等）对中国地区差异的状况和变化趋势进行了全面研究。然而大部分已有研究所使用的数据并没有考虑地区间生活成本的差异，因而在地区差异的比较方面尚缺乏一定的合理性，为此本章将使用Fleisher等（2006）的数据，从多角度并运用多种刻画地区差异的方法来揭示中国地区经济差异的典型化事实[①]。

---

① 该数据集的一个显著特点在于考虑了各省生活成本的差异，从而使地区差异的比较更为合理。

3.1　中国省际与地区的经济增长差异

经济增长速度的差异将直接导致经济发展水平的差异，因此要了解省际与地区经济发展水平(实际人均 GDP)为什么存在巨大的差异，就必须了解省际与地区经济增长率的差异，为此，我们计算了 1978—1990 年，1990—2005 年和 1978—2005 年三个时间段各省(区)市及东中西三大地区的经济增长率，以初步了解中国省际与地区经济差异的状况，计算结果见表 3.1。

表 3.1　各省(区)市及东中西三大地区的经济增长率(%)

区　域	省(区)市	人均 GDP 增长率		
		1978—1990 年	1990—2005 年	1978—2005 年
东部地区	北　京	6.91	8.64	7.87
	天　津	6.11	10.94	8.77
	河　北	6.71	11.46	9.32
	辽　宁	6.75	9.53	8.29
	上　海	6.06	9.54	7.98
	江　苏	9.67	12.95	11.48
	浙　江	10.57	13.17	12.01
	福　建	9.66	12.83	11.41
	山　东	8.49	12.90	10.92
	广　东	10.00	11.14	10.63
中部地区	山　西	6.62	9.21	8.05
	吉　林	7.78	9.68	8.84
	黑龙江	5.70	8.59	7.30
	安　徽	7.62	10.94	9.45
	江　西	7.38	10.79	9.26
	河　南	8.18	10.89	9.67

续表

区　　域	省(区)市	人均 GDP 增长率		
		1978—1990 年	1990—2005 年	1978—2005 年
中部地区	湖　北	7.87	10.93	9.56
	湖　南	6.22	10.15	8.39
西部地区	内蒙古	8.23	11.15	9.84
	广　西	5.17	11.22	8.49
	四　川	7.63	10.34	9.12
	贵　州	7.54	8.15	7.88
	云　南	8.04	7.83	7.93
	陕　西	6.06	8.94	7.65
	甘　肃	6.54	8.73	7.75
	青　海	4.67	8.08	6.55
	宁　夏	6.79	8.03	7.48
	新　疆	8.87	7.86	8.31
平均值	东　部	8.09	11.31	9.87
	中　部	7.17	10.15	8.82
	西　部	6.95	9.03	8.10
	全　国	7.42	10.16	8.94
标准差		1.46	1.64	1.37

注:(1)各省(区)市实际 GDP、总人口 1978—2003 年数据来自 Fleisher、Li 和 Zhao (2006),2004—2005 年数据系根据《中国统计年鉴》(2005、2006)采用他们的方法补充得到。(2)实际人均 GDP 等于实际 GDP 除以总人口。(3)增长率的计算采用几何平均法。

从表 3.1 可以看出,1978—2005 年间,实际人均 GDP 增长率由东到西呈明显的梯次分布。东部地区的增长率达 9.87%,高于全国 8.94%的平均水平,而中部地区的增长率(8.82%)和西部地区的增长率(8.10%)均低于全国平均水平。其中,经济增长率最高的是浙江,达 12.01%,其次是江苏(11.48%)、福建(11.41%)、山东(10.92%)、广东(10.63%)。经济增长率最低的是青海,仅为 6.55%,其次是黑龙江(7.30%)、宁夏(7.48%)、陕西(7.65%)、甘肃(7.75%)。

为了研究各省(区)市和地区的经济增长率的变化趋势,我进一步考察了1978—1990年、1990—2005年两个时间段的增长率情况。

表3.1的数据显示,1978—1990年间,各省(区)市和地区的经济增长率存在一定差异。东部地区实际人均GDP增长率为8.09%,高于全国7.42%的平均水平,也比中西部地区的7.17%、6.95%分别高出0.92%、1.14%。一些东部省份如浙江(10.57%)、广东(10.00%)、江苏(9.67%)、福建(9.66%)的增长率高达9%以上,而一些西部省份如广西(5.17%)、陕西(6.06%)、甘肃(6.54%)、青海(4.67%)、宁夏(6.79%)的增长率不到7%;除黑龙江(5.70%)和河南(8.18%)外,中部其他省份的增长率也都在6%—8%之间。值得指出的是,处于东部地区的三个直辖市上海、天津和北京的增长率也处于较低水平,分别只有6.06%、6.11%和6.91%,这与它们1978年相对较高的人均GDP有关。

1990年以来,各省(区)市和地区的经济增长率的差异有所扩大。虽然大部分省(区)市的增长率有较大的提高,以至全国平均增长率由1978—1990年间的7.42%上升到1990—2005年间的10.16%,但其标准差也从1.46增至1.64,表明经济增长率的离散程度也随之增加。1990—2005年间,东部地区的增长率达到11.31%,比中西部地区的10.15%、9.03%分别高出1.16%和2.28%,这一差距和1978—1990年间相比有所扩大。从各省(区)市的增长率情况看,增长率最高的仍然是东部地区的一些省份,如浙江(13.17%)、江苏(12.95%)、山东(12.90%)、福建(12.83%),而增长率最低的省份仍主要集中在西部地区,如贵州(8.15%)、青海(8.08%)、宁夏(8.03%)、新疆(7.86%)、云南(7.83%)。与1978—1990年间相比,上海、天津和北京三个直辖市的增长率有了较大的提高,分别达到9.54%、10.94%、8.64%。

总之,1978—2005年间各省(区)市和地区的经济增长率具有以下特征:

第一,大部分省(区)市和地区在20世纪90年代的经济增长率要高于它们在80年代的增长率,其中全国平均增长率高出2.74个百分点,东中西部地区平均增长率分别高出3.22%、2.98%和2.08%,而且90年代增长率的省际差异也要大于80年代，这成为导致1990年以来经济增长省际差异重新扩大的重要原因。

第二，改革开放以来，经济增长最快的省份大部分属于东中部地区尤其是东部地区，增长最慢的省份则主要集中于西部地区。在这一不平衡增长格局下，东中西三大地区之间尤其是东西部地区之间的差异必然成为中国经济增长总体差异的主要来源。

3.2 中国省际与地区的收入水平差异

省际与地区的经济增长率的差异无疑会导致省际与地区的收入水平差异，因此接下来我对中国省际与地区的收入水平差异进行了考察，以进一步对中国省际与地区经济差异的状况做出判断。表3.2列出了1978年、1990年、2005年三个代表性年份各省(区)市和地区的实际人均GDP。

表3.2 各省(区)市及东中西三大地区的人均GDP(元)

区域	省(区)市	人均GDP		
		1978年	1990年	2005年
东部地区	北京	2 035.00	4 538.47	15 739.72
	天津	1 823.66	3 716.85	17 632.27
	河北	720.52	1 570.06	7 993.91
	辽宁	1 297.04	2 841.22	11 135.14
	上海	2 844.85	5 766.19	22 631.08
	江苏	719.28	2 176.95	13 526.83
	浙江	671.78	2 244.13	14 346.62
	福建	590.62	1 786.72	10 920.63
	山东	727.33	1 932.96	11 927.97
	广东	653.09	2 049.28	9 997.38

续表

区　域	省(区)市	人均 GDP		
		1978 年	1990 年	2005 年
中部地区	山　西	727.30	1 570.32	5 887.94
	吉　林	748.68	1 840.44	7 364.09
	黑龙江	1 111.04	2 160.24	7 439.56
	安　徽	531.31	1 283.04	6 085.53
	江　西	513.95	1 207.33	5 616.19
	河　南	455.65	1 170.55	5 514.56
	湖　北	676.81	1 680.78	7 968.25
	湖　南	636.98	1 314.64	5 604.15
西部地区	内蒙古	624.02	1 611.13	7 864.43
	广　西	609.70	1 116.81	5 505.74
	四　川	514.13	1 242.11	5 431.89
	贵　州	358.75	858.49	2 779.34
	云　南	503.77	1 274.28	3 949.55
	陕　西	601.16	1 217.54	4 400.30
	甘　肃	544.38	1 164.45	4 083.91
	青　海	987.11	1 707.34	5 479.26
	宁　夏	682.92	1 502.45	4 784.09
	新　疆	714.32	1 979.64	6 158.89
平均值	东　部	1 208.32	2 862.28	13 585.16
	中　部	675.22	1 528.42	6 435.03
	西　部	614.03	1 367.42	5 043.74
	全　国	843.76	1 947.30	8 491.76
标准差		536.50	1 071.56	4 628.74

注:(1)各省(区)市实际 GDP、总人口 1978—2003 年数据来自 Fleisher、Li 和 Zhao(2006),2004—2005 年数据系根据《中国统计年鉴》(2005、2006)采用他们的方法补充得到。(2)实际人均 GDP 等于实际 GDP 除以总人口。(3)增长率的计算采用几何平均法。

从表 3.2 中的数据来看,1978 年,上海、北京、天津三个直辖市和辽宁的人均 GDP 分居前四位,贵州的人均 GDP 处于最低水平,且上海是它的 7.93 倍。值得注意的是，一些东部省份如山东、河北、江苏、浙江、广东、福建的人均 GDP 低于全国平均水平(843.76 元)，而一些内陆省份如黑龙江、青海的人均 GDP 则高于全国平均水平。总体上，三大直辖市以外的大部分省份的人均 GDP 的差异不是太大，这表明改革开放初始阶段的收入差异主要表现为三大直辖市与其他省份之间的差异。

随着各省(区)市经济的增长，上述格局在 1990 年发生了变化。虽然上海、北京、天津三个直辖市与辽宁的人均 GDP 仍分居前四位，贵州的人均 GDP 仍处于最低水平，但它与上海的差距缩小到了 6.72 倍。由于经济增长率相对较低，中西部地区大部分省份的人均 GDP 虽然有较大幅度的提高，但仍居全国平均水平(1 947.30 元)以下。而东部地区一些省份如浙江、江苏、广东由于具有较高的经济增长率，它们的人均 GDP 开始超过全国平均水平，并与三大直辖市逐渐接近，表现为东部地区内部人均 GDP 最高的省份与最低的省份的差距由 1978 年的 4.82 倍(上海/福建)下降到了 1990 年的 3.67 倍(上海/河北)。

1990 年以后，随着改革开放的深化，东部地区省份的经济增长率比中西部地区提高得更快，至 2005 年，东部地区除河北以外的其他省份的人均 GDP 均高于全国 8 491.76 元的平均水平，而中西部地区所有省份的人均 GDP 均低于全国平均水平，人均 GDP 最高的上海与最低的贵州的差距又扩大到 8.14 倍。

根据以上分析可以发现，自改革开放以来，东部地区省份似乎正逐渐形成一个高收入阵营，而中西部地区省份分别形成中低收入阵营，这意味着中国省际和地区收入的绝对差异可能在扩大。人均 GDP 的标准差由 1978 年的 536.50 元增至 1990 年的 1 071.56 元和 2005 年的 4 628.74 元，从一定程度上证实了中国省际收入绝对差异的扩大，东部地区人均 GDP 对中西部地区人均 GDP 的比率分别从 1978 年的 1.79、1.97 上升到 1990 的 1.87、2.09 与 2005 年的 2.11、2.69，也能从一定程度上证明三大地区间收入差异的扩大。

3.3　中国地区经济差异的国际比较

仅就国内数据的分析和比较还不足以凸显中国地区经济差异的严重性，为此，本章对中国的地区经济差异进行了国际比较。表 3.3 列出了中国和其他一些国家的地区差异程度的测度指标。

表 3.3　人均 GDP 地区差异的国际比较

国　家	年　份	人均 GDP	变异系数		基尼系数		泰尔指数
		最大/最小	未加权	加权	未加权	加权	
加拿大	1997	1.838	0.201	0.137	0.118	0.067	0.008
美　国	1997	1.927	0.162	0.122	0.090	0.039	0.007
	2000	1.84	—	—	—	—	—
德　国	1995—1997	3.048	0.341	0.262	0.191	0.122	0.027
	2000	2.83	—	—	—	—	—
西班牙	1995—1997	1.866	0.189	0.210	0.111	0.118	0.022
法　国	1995—1997	2.039	0.178	0.267	0.096	0.126	0.032
意大利	1995—1997	2.228	0.262	0.264	0.152	0.145	0.037
	2000	2.19	—	—	—	—	—
英　国	1995—1997	1.794	0.117	0.178	0.085	0.083	0.015
印　度	1997	3.811	0.387	0.414	0.226	0.227	0.082
中　国	1997	8.602	0.562	0.454	0.291	0.231	0.125
	2000	10.39	—	—	—	—	—
乌兹别克斯坦	1997	3.047	0.353	0.355	0.155	0.170	0.054
波　兰	2000	2.21	—	—	—	—	—

续表

国　　家	年　份	人均 GDP	变异系数		基尼系数		泰尔指数
		最大/最小	未加权	加权	未加权	加权	
匈牙利	2000	2.40	—	—	—	—	—
捷　克	2000	2.69	—	—	—	—	—
斯洛伐克	2000	2.76	—	—	—	—	—
比利时	2000	3.07	—	—	—	—	—
日　本	2000	2.05	—	—	—	—	—

注:(1)中国的数据由作者计算得到。(2)其他国家 1997、1995—1997 年数据来自瑞扎·尚柯、沙安文(2006);2000 年数据来自 Yu(2005)。

从表 3.3 可知,1997 年,中国所有的衡量地区差异程度的指标不仅明显高于加拿大、美国、德国、西班牙、法国、意大利、英国这些发达国家,而且要高于同为发展中大国的印度[①]。至 2000 年,中国人均 GDP 的最大值(上海)与最小值(贵州)之比达到 10.39 倍,这远高于其他国家,表明中国的地区差异问题已达到相当严重的程度,正如 Yang(2002)所指出,到 2000 年,中国已成为世界上收入差异程度最高的国家之一。

3.4　中国省际和地区经济差异的演变

虽然本章前面分析了代表性时间段内省(区)市和地区的经济增长差异、代表性年份中省(区)市和地区的收入水平差异,并进行了一定的国际比较,但从中只能粗略判断中国地区经济差异的状况与变动趋势。要想对中国地区经济差异的

① 1997 年中国的加权变异系数(0.454)比一些国家历史上地区差距最严重时期的加权变异系数还要高,比如 1935 年加拿大的 0.237、1932 年美国的 0.410、1955 年法国的 0.305 等(胡鞍钢等,1995)。

演变有一个全面而透彻的了解,就必须回答以下两个重要问题:其一,在改革开放以来的近三十年中,中国省际和地区经济差异的演变过程怎样?其二,中国经济发展的总体差异在多大程度上应归因于地区间的差异?又在多大程度上受到地区内差异的影响?为此,本章运用地区差异的度量方法对经济发展水平的时间序列数据进行分析,以期回答上述问题,从而全面而准确地揭示中国地区经济差异的典型化事实。

3.4.1　地区差异的度量方法

地区差异的度量涉及选择衡量指标、确定测度方法、划分分析时段与地域单元、剔除价格和成本差异因素影响等方面,是一项非常复杂的工作,表现为上述任何一个方面的变动都有可能导致对地区差异进行描述的不同的结论。因此我们有必要认真探讨度量地区差异所涉及的以下诸多问题。

1. 地区差异的衡量指标

衡量地区差异的指标主要包括劳均GDP或劳均GNP、人均GDP或人均GNP、人均消费、人均收入等,实际研究中选择的衡量指标不同,对地区差异的现状与变化趋势的描述也会存在差异。例如,人均产出和人均消费的地区差异应该表现出稳定的正相关关系,因为一般来说产出水平高的地区,消费也高。然而实证研究表明人均GDP和人均消费的地区差异并没有呈现通常所认为的正相关的联动关系(岳希明,1999)。此外,人均指标和劳均指标的地区差异的变动、人均收入和人均消费的地区差距变动、人均产出和人均收入的地区差异的变动趋势亦存在一定差异。尽管如此,根据学者自己的研究目的选取衡量指标的诸多已有研究,仍然得到了许多有价值的关于中国地区差异变动趋势的结论。

鉴于本章集中研究地区经济增长差异的成因与对策,笔者选取人均GDP作为地区差异的衡量指标。事实上,人均GDP作为衡量某一国家内或某一地区内在一定时期内生产的最终产品的市场价值的尺度,是测度地区经济发展水平的综合性指标,因为人均GDP的地区差异会引起人均收入和人均消费等的地区差别。

2. 地区差异程度的测度指标

学者对地区差异问题的关注推动了各种测度方法的发展，从已有研究来看，目前使用得比较普遍的方法有标准差、变异系数、基尼系数、泰尔指数等。

(1) 标准差。

标准差是度量一国区域绝对差异的最常用的方法，其值越大，表示该国区域间人均经济指标的绝对差异越大。根据是否考虑以人口比重作为权重，标准差可以分为未加权的标准差和加权的标准差两种。

① 未加权的标准差。

$$S=\sqrt{\frac{\sum_{i=1}^{N}(y_i-\bar{y})^2}{N}} \tag{3.1}$$

其中，S 表示未加权的标准差；y_i 为地区 i 的人均经济指标值(如人均 GDP、居民人均收入、人均消费支出等)；$\bar{y}=\frac{\sum_{i=1}^{N}y_i}{N}$，是 y_i 的平均值；N 表示地区数。

② 加权的标准差。

$$S^*=\sqrt{\sum_{i=1}^{N}(y_i-\bar{y}^*)^2\cdot\frac{p_i}{P}} \tag{3.2}$$

这里，S^* 表示加权的标准差；y_i 为地区 i 的人均经济指标值(如人均 GDP、居民人均收入、人均消费支出等)，且 $y_i=Y_i/p_i$(Y_i 是地区 i 的经济指标总量；p_i 是地区 i 的人口数)；$P=\sum_{i=1}^{N}p_i$，为一国 N 个地区的总人口数；$\bar{y}^*=\frac{\sum_{i=1}^{N}Y_i}{P}$，表示一国的人均经济指标值。显然，加权的标准差使各地区的经济规模差异得到了充分体现，因而它在很大程度上不受区域划分方法的影响，未加权的标准差则会因区域划分的不同而产生较大差异，有时甚至产生较为严重的误导。

(2) 变异系数。

变异系数反映各地区指标的离散程度的绝对值与其经济规模的比例关系，是度量一国区域相对差异的重要工具，是文献中衡量地区差异使用最多的方法之一。

① 未加权的变异系数。

$$V = \frac{\sqrt{\frac{\sum_{i=1}^{N}(y_i - \bar{y})^2}{N}}}{\bar{y}} \tag{3.3}$$

其中，V 为未加权的变异系数；y_i 为地区 i 的人均经济指标值（如人均 GDP、居民人均收入、人均消费支出等）；$\bar{y} = \frac{\sum_{i=1}^{N} y_i}{N}$，是 y_i 的平均值；N 表示地区数。当 $V = 0$ 时，表示人均经济指标值不存在地区差异；当 $V = \sqrt{N-1}$ 时表示人均经济指标值完全不平等，即其中一个地区拥有了所有的经济指标值。

② 加权的变异系数。

和测度地区绝对差异的标准差一样，加权平均后的变异系数能够充分反映各地区因经济规模不同而对变异系数所产生的不同的贡献度，其计算公式如下：

$$V^* = \sqrt{\sum (y_i - \bar{y}^*)^2 \cdot \frac{p_i}{P}} \Big/ \bar{y}^* \tag{3.4}$$

V^* 表示加权的变异系数；y_i 为地区 i 的人均经济指标值（如人均 GDP、居民人均收入、人均消费支出等），且 $y_i = Y_i / p_i$（Y_i 是地区 i 的经济指标总量；p_i 是地区 i 的人口数）；$P = \sum_{i=1}^{N} p_i$，为一国 N 个地区的总人口数；$\bar{y}^* = \frac{\sum_{i=1}^{N} Y_i}{P}$，表示一国的人均经济指标值。$V^*$ 的值从 0（表示完全平等）到 $\sqrt{\frac{P - p_i}{p_i}}$（表示完全不平等）。

(3) 基尼系数。

如同变异系数一样，基尼系数作为建立在洛伦茨曲线基础上的分析方法，已成为常用的分组数据差异的测度工具，在相关文献中也用得很多。实践证明，即使是对离散变量或小样本数据基尼系数同样具有良好的测量效果。

① 未加权的基尼系数。

未加权的基尼系数可通过下式计算得到：

$$G=\left(\frac{1}{2\bar{y}}\right)\frac{1}{N(N-1)}\sum_{i=1}^{N}\sum_{j=1}^{N}|y_i-y_j| \tag{3.5}$$

其中，y_i、y_j 分别表示地区 i 和 j 的人均经济指标值(如人均 GDP、居民人均收入、人均消费支出等)；$\bar{y}=\frac{\sum_{i=1}^{N}y_i}{N}$，是 y_i 的平均值；N 表示地区数。G 在 0(完全平等)到 1(完全不平等)的范围内变动。

② 加权的基尼系数。

以人口比重为权重的基尼系数的计算公式为：

$$G^*=\left(\frac{1}{2\bar{y}^*}\right)\sum_{i=1}^{N}\sum_{j=1}^{N}|y_i-y_j|\cdot\frac{p_ip_j}{P^2} \tag{3.6}$$

其中，y_i、y_j 分别表示地区 i 和 j 的人均经济指标值(如人均 GDP、居民人均收入、人均消费支出等)，且 $y_i=Y_i/p_i$，$y_j=Y_j/p_j$(Y_i、Y_j 分别是地区 i 和 j 的经济指标总量；p_i、p_j 分别为地区 i 和 j 的人口数)；$P=\sum_{i=1}^{N}p_i$，为一国 N 个地区的总人口数；$\bar{y}^*=\frac{\sum_{i=1}^{N}Y_i}{P}$，表示一国的人均经济指标值。由式(3.6)可知加权的基尼系数的变动范围为 0(完全平等)到 $1-\frac{p_i}{P}$(完全不平等)。

(4) 泰尔指数。

泰尔(Theil, 1962)运用信息理论提出了一个不平等指数，该指数具有可加分解特性，且满足达尔顿—庇古(Dalton-Pigou)转移原理、收入均质性、人口均质性等条件(Shorrocks, 1980)，被称为泰尔指数。泰尔零阶指数的计算公式为：

$$I(0)=\frac{1}{N}\sum_{i=1}^{N}\ln(\bar{y}/y_i) \tag{3.7}$$

该式中，N 是地区数；y_i 是地区 i 的人均经济指标值；$\bar{y}=\frac{\sum_{i=1}^{N}y_i}{N}$，是 y_i 的平均

值。如果所有地区按某一标准被分成 M 组，那么泰尔零阶指数可按如下公式分解(Schwarze, 1996)：

$$I(0)=\sum_{m=1}^{M} p_m I(0)_m+\sum_{m=1}^{M} P_m \ln(p_m/x_m) \tag{3.8}$$

上式右边第一项表示每一组内地区间的人均经济指标差异；第二项度量了各组之间的人均经济指标差异；p_m 是第 m 组地区人口占总人口的比例；x_m 是第 m 组地区经济指标值占一国经济指标总量的比重。

鉴于用人口比重加权的测度方法考虑了各地区经济规模差异的影响，因而具有更强的稳定性，更能充分反映地区差异及其变动趋势，本章拟主要运用加权的标准差、加权的变异系数、加权的基尼系数，以及泰尔指数来刻画中国地区差异的程度和变化趋势。因此，本章对中国地区差异的典型化事实的揭示将主要围绕以上四个指数来展开。

3. 分析时段和地域单元的划分

尽管一些学者(Tsui, 1991；岳希明，1999；Duncan and Tian, 1999；Kanbur and Zhang, 2003)对改革开放以前中国的地区差异进行了深入研究，但更多的研究(Jian et al., 1996；魏后凯，1999；Chen and Feng, 2000；林毅夫、刘培林，2003)则将分析的重点放在了改革开放以来的时间段内。考虑到改革开放以前中国基本政策的较大变化对经济发展的巨大冲击，以及相关数据的难以获得，本研究将中国地区差异的分析时段确定为 1978—2005 年。

在地区差异的研究中，不同学者的研究目的不同，他们所采用的地域单元的划分方法通常也就不同。一些学者旨在研究中国省际差距的现状与变动趋势，他们就将省级(省、自治区、直辖市)行政单位视为基本的地域单元；为了研究不同区域间的经济增长差异，一些学者则将经济发展水平相近、地理区位相似的省级(省、自治区、直辖市)行政单位归到一起，视为一个地域单元，这样就将全国划分成了不同的区域，比如将全国分成沿海和内陆两大区域(Fleisher and Chen, 1997；Kanbur and Zhang, 1999)；东部、中部和西部三大区域(林毅夫等，1998；蔡昉、都阳，2000；沈坤荣、马俊，2002；王小鲁、樊纲，2004；Yao and Zhang, 2001)；沿海、东北、内陆、西部四大区域(Fleisher, Li and Zhao, 2006)等等。为了和同类研究进行比较,本研究选择将三大区域(东部、中部和西部)和省级(省、自治区、直辖市)行政单位视为地域单元这一国内外学术界通常采用的划分方法。具体来说,本研究选取的省级(省、自治区、直辖市)行政单位样本包括北京、天津、河北、山西、内蒙古、辽宁、吉林、黑龙江、上海、江苏、浙江、安徽、福建、江西、山东、河南、湖北、湖南、广东(含海南)、广西、四川(含重庆)、贵州、云南、陕西、甘肃、青海、宁夏、新疆;东部地区样本为北京、天津、河北、辽宁、上海、江苏、浙江、福建、山东、广东(含海南);中部地区样本为山西、吉林、黑龙江、安徽、江西、河南、湖北、湖南;西部地区样本为内蒙古、广西、四川(含重庆)、贵州、云南、陕西、甘肃、青海、宁夏、新疆。

4. 价格因素和生活成本差异因素的剔除

一般来说,由于收入高的地区的物价水平和生活成本也高,地区间的实际收入差异会小于名义收入差异,因此在实证研究中,剔除价格因素和生活成本差异因素的影响成为必要。价格因素的剔除可以通过使用相关价格(消胀)指数对名义收入进行缩减来实现,这已为国内外学者广泛使用,但考虑剔除生活成本差异的研究并不多见。本研究所使用的 Fleisher、Li 和 Zhao(2006)的数据则同时剔除了价格因素和生活成本差异因素的影响,从而使地区差异的比较更具合理性。

3.4.2 中国人均 GDP 省际差异的演变

运用前面所确定的地区差异的度量方法,以省级(省、自治区、直辖市)行政单位为地域单元,笔者计算了衡量实际人均 GDP 省际差异的各相关指数[①],它们的变化情况如表 3.4 所示。

---

① 总体上,我们计算得到的衡量地区差异的相关指数都要低于其他同类研究,这可能是由于我们的数据同时剔除了价格因素和生活成本差异因素的影响,以至于更能准确地反映地区的实际差异的缘故。

表 3.4　实际人均 GDP 省际差异指数一览

年份	标准差		变异系数		基尼系数		泰尔指数
	未加权	加权	未加权	加权	未加权	加权	
1978	536.50	337.83	0.635 8	0.483 9	0.283 6	0.186 8	0.127 5
1979	559.85	350.56	0.627 1	0.467 8	0.276 9	0.179 7	0.123 1
1980	611.03	381.04	0.637 1	0.474 2	0.283 8	0.182 6	0.127 9
1981	617.17	384.64	0.623 8	0.460 2	0.277 9	0.181 1	0.122 5
1982	637.40	399.73	0.599 7	0.442 4	0.268 5	0.177 7	0.114 1
1983	688.78	433.01	0.591 3	0.436 7	0.267 8	0.175 6	0.112 4
1984	780.96	493.48	0.587 1	0.435 4	0.269 8	0.180 7	0.113 0
1985	853.92	544.75	0.575 1	0.427 2	0.265 4	0.180 4	0.109 4
1986	882.78	572.54	0.563 5	0.423 8	0.264 5	0.184 1	0.107 5
1987	933.73	617.96	0.550 0	0.417 5	0.262 7	0.186 5	0.104 9
1988	1 022.39	689.41	0.552 3	0.425 9	0.267 2	0.195 2	0.107 4
1989	1 038.97	698.02	0.548 4	0.421 3	0.263 6	0.192 5	0.105 2
1990	1 071.56	710.82	0.550 3	0.418 2	0.264 1	0.191 4	0.105 6
1991	1 154.07	778.40	0.551 0	0.423 0	0.269 0	0.199 2	0.108 0
1992	1 317.73	909.34	0.556 9	0.431 8	0.275 3	0.208 9	0.112 2
1993	1 507.49	1 068.93	0.559 1	0.439 0	0.280 3	0.217 1	0.115 6
1994	1 731.12	1 245.35	0.569 2	0.450 0	0.287 9	0.225 5	0.121 9
1995	1 985.01	1 422.65	0.585 1	0.459 6	0.295 3	0.230 4	0.128 7
1996	2 053.81	1 539.71	0.556 1	0.450 9	0.286 7	0.229 3	0.121 7
1997	2 278.60	1 707.01	0.561 5	0.454 2	0.290 8	0.231 3	0.125 2
1998	2 509.30	1 884.68	0.568 6	0.460 8	0.294 8	0.235 2	0.128 6
1999	3 020.05	2 155.38	0.621 4	0.486 1	0.311 2	0.244 9	0.143 9
2000	3 296.81	2 358.19	0.628 1	0.490 5	0.312 8	0.246 4	0.145 7
2001	3 644.31	2 603.86	0.636 4	0.497 6	0.316 9	0.249 7	0.149 5
2002	4 037.73	2 902.17	0.642 6	0.505 7	0.320 5	0.254 7	0.152 8
2003	3 792.34	3 043.99	0.562 5	0.479 1	0.300 5	0.247 9	0.133 6
2004	4 268.83	3 445.98	0.564 2	0.482 0	0.302 6	0.250 2	0.135 3
2005	4 628.74	3 734.08	0.545 1	0.457 7	0.294 3	0.237 3	0.127 8

从绝对差异指标看，加权标准差呈逐年上升趋势（见图 3.1）。1978 年加权标准差仅为 337.83，1991 年扩大到 778.40，到 2005 年，该指标更是增至 3 734.08，这表明改革开放以来，中国人均 GDP 的省际绝对差异呈不断扩大趋势。总体来看，省际绝对差异变化具有明显的阶段性。1978—1990 年间变动幅度较小，而 1990 年以后则显著扩大。这与胡鞍钢（1995）、武剑（2002）等的研究结论一致。

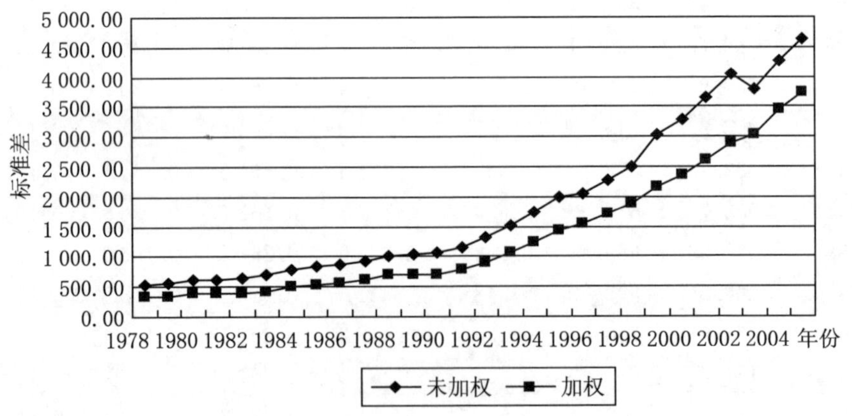

图 3.1 实际人均 GDP 的省际绝对差异

从相对指数看，加权变异系数、加权基尼系数、泰尔指数均呈波动状变动趋势（见图 3.2）。其中，加权变异系数和泰尔指数的变动趋势基本一致，据此我们可以看出，1978 年以来中国人均 GDP 的省际相对差异大致经历了两个发展阶段：第一个阶段是从 1978 年到 1990 年的改革开放时期。在这一时期中，省际相对差异呈波动状下降趋势，加权变异系数与泰尔指数分别由 1978 年的 0.483 9、0.127 5 下降到 1990 年的 0.418 2、0.105 6。第二个阶段始于 20 世纪 90 年代，这一时期相对差异又开始慢慢拉大，1991 年加权变异系数和泰尔指数依次为 0.423 0、0.108 0，1995 年分别上升至 0.459 6、0.128 7，1996 年稍有下降后又开始反弹①，

① 章奇（2001）的研究也证实了这一点。

至 2002 年，分别达到 0.505 7、0.152 8，2002 年以后相对差异则又有所回落，到 2005 年，加权变异系数和泰尔指数分别降至 0.457 7 与 0.127 8[①]。胡鞍钢(1995)，Tsui(1991)，宋德勇、许新华(1998)，宋德勇(1998)，岳希明(1999)，Zheng 等(2000)，Démurger(2001)，Zhang(2001)，武剑(2002)，蔡昉等(2002)，Demurger 等(2002)，Wu(2002)，林毅夫、刘培林(2003)，刘夏明等(2004)，徐健华等(2005)，张焕明(2007)，刘树成、张晓晶(2007)等也揭示了经济发展省际差异变动的这一阶段性特征。

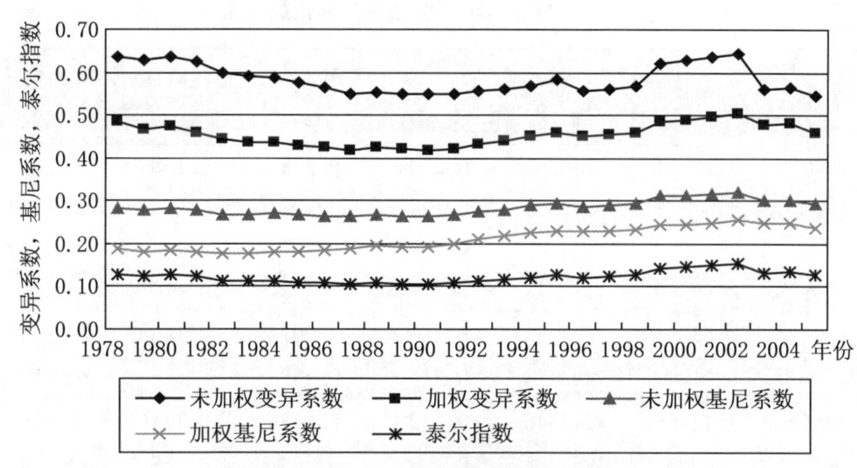

图 3.2　实际人均 GDP 的省际相对差异

值得指出的是，除 1983 年到 1990 年间稍有差别外，加权基尼系数的变动趋势与加权变异系数、泰尔指数的变动趋势在其他时期基本一致。具体来说，与加权变异系数、泰尔指数的变动趋势相反，1983 年至 1990 年期间，加权基尼系数呈上升趋势，虽然变动的幅度并不是很大。陈秀山、徐瑛(2004)的研究也显示了加权基尼系数的这一变动趋势，根本原因在于针对中国地区不平衡的分布，变异系数对高收入地区和低收入地区对不平衡的影响均给予了较大权重，而基尼系数只

① 刘树成、张晓晶(2007)也发现近年来地区差异开始呈现出新的缩小趋势。

对高收入地区的影响赋予了较大权重。因此，从这一意义上说，变异系数更适合于度量中国目前的区域不平衡性（梁进社、孔健，1998）。

3.4.3 中国人均 GDP 地区差异的演变①

将三大区域（东部、中部和西部）作为地域单元，笔者计算了刻画人均 GDP 地区差异的各相关指数（见表 3.5），以研究人均 GDP 地区差异的演变。

表 3.5 实际人均 GDP 地区差异指数一览

年份	标准差		变异系数		基尼系数	
	未加权	加权	未加权	加权	未加权	加权
1978	137.14	138.48	0.200 5	0.198 4	0.158 6	0.105 3
1979	142.73	144.04	0.194 3	0.192 2	0.153 9	0.102 2
1980	164.29	166.05	0.208 8	0.206 6	0.164 4	0.109 4
1981	176.60	177.74	0.216 1	0.212 7	0.172 5	0.113 8
1982	185.94	187.63	0.210 3	0.207 7	0.166 6	0.110 5
1983	204.92	206.23	0.211 3	0.208 0	0.168 9	0.111 4
1984	242.64	244.46	0.219 1	0.215 7	0.174 5	0.115 2
1985	282.02	285.04	0.226 3	0.223 5	0.178 3	0.118 3
1986	308.49	312.05	0.233 8	0.231 0	0.183 6	0.122 0
1987	357.39	362.01	0.247 6	0.244 6	0.193 3	0.128 6
1988	424.98	431.02	0.269 6	0.266 3	0.208 9	0.139 2
1989	433.24	439.28	0.268 5	0.265 1	0.208 0	0.138 6
1990	436.52	443.63	0.263 9	0.261 0	0.203 2	0.135 6
1991	508.73	518.79	0.284 4	0.281 9	0.214 7	0.144 1
1992	637.96	650.69	0.312 3	0.309 0	0.235 2	0.157 6

① 将全国分为东部、中部、西部三大地区，其中东部地区包括：北京、天津、河北、辽宁、上海、江苏、浙江、福建、山东、广东（含海南）；中部地区包括：山西、吉林、黑龙江、安徽、江西、河南、湖北、湖南；西部地区包括：内蒙古、广西、四川（含重庆）、贵州、云南、陕西、甘肃、青海、宁夏、新疆。

续表

年份	标准差		变异系数		基尼系数	
	未加权	加权	未加权	加权	未加权	加权
1993	799.53	815.69	0.339 3	0.335 0	0.254 7	0.170 5
1994	960.13	978.42	0.359 1	0.353 6	0.271 1	0.180 9
1995	1 106.08	1 126.22	0.370 3	0.363 8	0.281 0	0.1869
1996	1 231.60	1 252.05	0.373 9	0.366 6	0.286 6	0.189 9
1997	1 373.48	1 395.42	0.379 1	0.371 3	0.291 7	0.192 9
1998	1 524.83	1 549.29	0.386 8	0.378 8	0.297 3	0.196 7
1999	1 702.59	1 729.77	0.398 7	0.390 1	0.306 0	0.202 4
2000	1 857.73	1 889.57	0.402 1	0.393 0	0.309 0	0.203 8
2001	2 052.11	2 087.16	0.408 1	0.398 9	0.313 4	0.206 8
2002	2 295.49	2 335.14	0.416 2	0.406 9	0.319 3	0.210 7
2003	2 533.68	2 583.98	0.416 5	0.406 7	0.319 0	0.209 9
2004	2 862.66	2 922.54	0.418 9	0.408 8	0.320 6	0.210 6
2005	3 032.13	3 111.90	0.391 9	0.381 4	0.301 1	0.196 0

图 3.3 显示，加权标准差不断增大，由 1978 年的 138.48 增至 2005 年的 3 111.90，表明自改革开放以来，中国人均 GDP 的地区绝对差异也在不断扩大。而且其变动趋势同样呈现出明显的阶段性，1978—1990 年间，地区绝对差异相对较小，而 1990 年以后其扩大趋势明显加快。魏后凯(1999)的研究也表明，随着改革开放由沿海向内地的逐步推进，中国东部地区与中西部地区之间人均 GDP 的绝对差异在迅速扩大。

测度中国人均 GDP 的地区相对差异的加权变异系数与加权基尼系数均呈波动状上升趋势(见图 3.4)，直到 2004 年才有所回落。具体来说，加权变异系数和加权基尼系数分别由 1978 年的 0.198 4、0.105 3 增加到 2004 年的 0.408 8、0.210 6，表明人均 GDP 的地区相对差异在总体上是不断扩大的，而且其变动趋势也表现出较为明显的阶段性，即 1978—1990 年间三大地区间的相对差异较小，

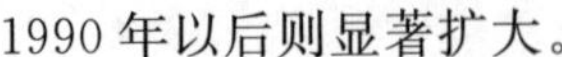

1990 年以后则显著扩大。

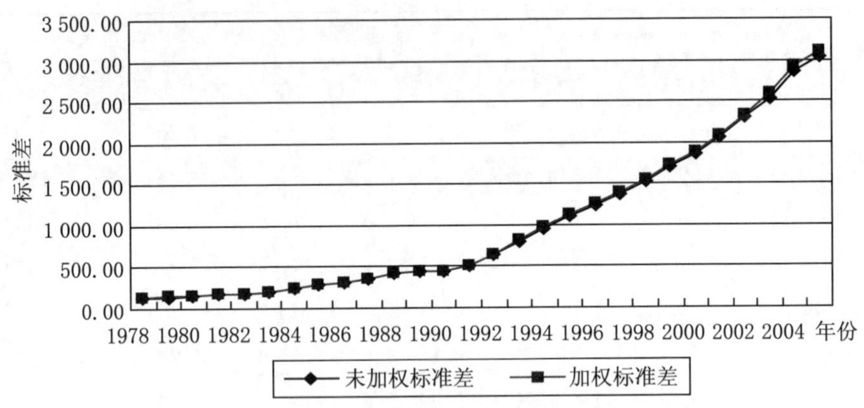

图 3.3　实际人均 GDP 的地区绝对差异

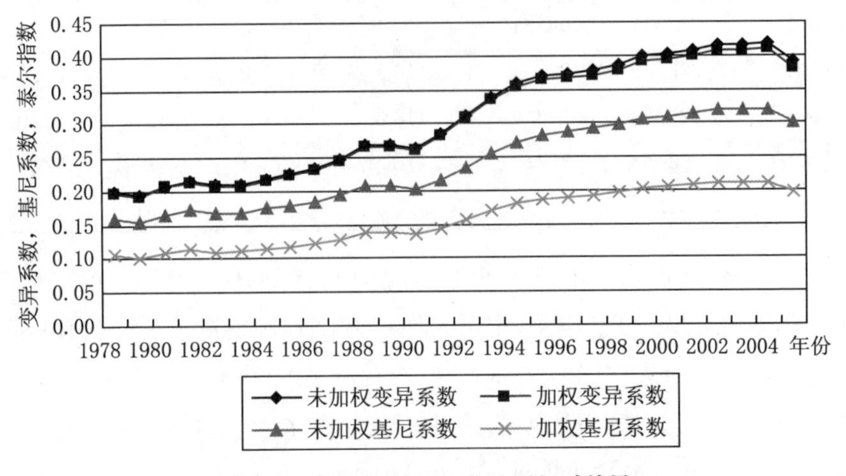

图 3.4　实际人均 GDP 的地区相对差异

3.4.4　中国地区差异的泰尔指数分解

为了考察东部、中部、西部各地区内部人均 GDP 的差异以及它们对总体差异的影响，笔者利用泰尔指数分解方法，将 28 个样本省区人均 GDP 的总体差异分解为东部地区内部差异、中部地区内部差异、西部地区内部差异和三大地区之间的差异，并以总体差异为100%，分别考察四种差异对总体差异形成的贡献份额。

首先，我将泰尔指数进行了分解，以分析东中西三大地区内部以及三大地区之间的人均GDP的差异。泰尔指数的分解结果见表3.6。

表3.6　泰尔指数及其分解结果

年份	东部	中部	西部	地区间	泰尔指数(全国)
1978	0.060 2	0.012 1	0.008 9	0.046 3	0.127 5
1979	0.058 7	0.010 2	0.006 5	0.047 6	0.123 1
1980	0.056 9	0.010 6	0.007 8	0.052 7	0.127 9
1981	0.052 2	0.009 0	0.007 7	0.053 5	0.122 5
1982	0.048 6	0.009 1	0.007 3	0.049 1	0.114 1
1983	0.048 7	0.008 7	0.007 3	0.047 7	0.112 4
1984	0.047 2	0.008 8	0.006 8	0.050 2	0.113 0
1985	0.043 3	0.007 1	0.007 5	0.051 5	0.109 4
1986	0.041 0	0.006 9	0.007 9	0.051 7	0.107 5
1987	0.036 9	0.007 1	0.007 3	0.053 7	0.104 9
1988	0.034 3	0.007 8	0.007 3	0.058 0	0.107 4
1989	0.033 4	0.007 3	0.007 1	0.057 4	0.105 2
1990	0.033 9	0.007 4	0.007 4	0.056 9	0.105 6
1991	0.030 7	0.007 8	0.007 6	0.061 9	0.108 0
1992	0.027 7	0.006 5	0.007 7	0.070 3	0.112 2
1993	0.024 2	0.005 1	0.007 2	0.079 1	0.115 6
1994	0.022 7	0.004 4	0.007 4	0.087 4	0.121 9
1995	0.023 0	0.003 9	0.007 7	0.094 1	0.128 7
1996	0.019 3	0.003 6	0.007 8	0.091 1	0.121 7
1997	0.019 0	0.003 6	0.008 0	0.094 7	0.125 2
1998	0.018 8	0.003 7	0.007 8	0.098 2	0.128 6
1999	0.023 5	0.004 0	0.007 5	0.108 9	0.143 9
2000	0.024 1	0.004 0	0.007 2	0.110 4	0.145 7
2001	0.024 6	0.004 2	0.007 3	0.113 4	0.149 5
2002	0.024 7	0.004 1	0.007 6	0.116 4	0.152 8
2003	0.016 1	0.003 9	0.008 3	0.105 3	0.133 6
2004	0.016 2	0.003 7	0.009 0	0.106 3	0.135 3
2005	0.016 4	0.003 3	0.009 8	0.098 3	0.127 8

整体上，人均 GDP 的总体差异（见表 3.6 中全国的泰尔指数）经历了一个先降后升的过程（1990 年前后），而三大地区内部和三大地区之间的差异变化呈现如下主要特征（见表 3.6、图 3.5）：

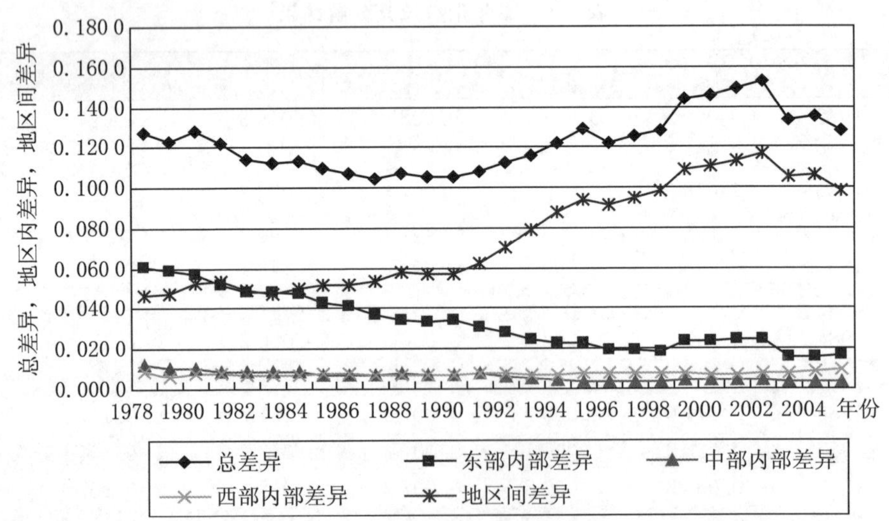

图 3.5 1978—2005 年中国省区人均 GDP 的泰尔指数及其分解

第一，从差异的变动趋势看，东部地区内部人均 GDP 的省际差异呈快速下降趋势，其泰尔指数由 1978 年的 0.060 2 迅速降至 2005 年的 0.016 4。中部地区内部人均 GDP 的省际差异虽也呈下降趋势，但不如东部地区明显。西部地区内部人均 GDP 的省际差异在 1978—2000 年间相对平稳，变动范围处于 0.006 5 到 0.008 9之间，2000 年以后则有所上升。三大地区间的人均 GDP 的差异的变动呈现出阶段性上升趋势，1978—1990 年间的变动幅度较小，其中 1982、1983、1989 和 1990 年的地区间差异与上年相比甚至有所下降，而 1991—1995 年间的地区间差异则显著扩大，泰尔指数由 1991 年的 0.061 9 增至 1995 年的 0.094 1①，1996 稍有下降后又缓慢扩大，至 2002 年才有所回落。从差异的上述变动趋势可知，三

① 本研究揭示的东中西三大地区内部差异的变化趋势与张焕明（2007）的研究极为相似。

大地区内部尤其是东部地区内部差异的缩小带动了1978—1990年间全国总体差异水平的下降，而三大地区之间差异的迅速扩大则是推动1990年以后全国总体差异上升的根本原因。

第二，从差异的相对大小看，东部地区内部人均GDP的差异大于中西部地区内部人均GDP的差异。除1978—1984、1988—1991年间中部地区内部人均GDP的差异大于西部地区内部人均GDP的差异外，其他年份中部地区内部人均GDP的差异均要明显小于西部地区内部人均GDP的差异。从1984年开始，东中西三大地区间的人均GDP的差异要大于各地区内部的人均GDP差异。

其次，笔者计算了东中西三大地区内部与三大地区之间的人均GDP的差异对全国总体差异的贡献率，以分析它们对总体差异的影响程度。表3.7列出了东中西三大地区内部及三大地区之间的差异对全国总体差异的贡献率。

表3.7　三大地区内部及三大地区之间的差异对总体差异的贡献率(%)

年份	东部	中部	西部	地区间
1978	47.18	9.51	7.01	36.30
1979	47.69	8.31	5.31	38.69
1980	44.45	8.28	6.06	41.21
1981	42.64	7.37	6.29	43.70
1982	42.57	8.00	6.42	43.01
1983	43.31	7.72	6.51	42.45
1984	41.79	7.80	5.99	44.42
1985	39.55	6.53	6.87	47.04
1986	38.14	6.42	7.35	48.10
1987	35.14	6.74	6.93	51.19
1988	31.94	7.23	6.84	53.99
1989	31.76	6.94	6.74	54.56
1990	32.14	7.01	7.01	53.84
1991	28.43	7.24	7.01	57.32
1992	24.68	5.79	6.85	62.69

续表

年份	东部	中部	西部	地区间
1993	20.91	4.44	6.27	68.38
1994	18.60	3.65	6.07	71.68
1995	17.89	3.00	5.97	73.14
1996	15.83	2.95	6.37	74.86
1997	15.14	2.85	6.36	75.65
1998	14.64	2.90	6.08	76.38
1999	16.31	2.77	5.25	75.67
2000	16.52	2.75	4.97	75.76
2001	16.43	2.82	4.90	75.85
2002	16.14	2.68	5.00	76.18
2003	12.07	2.91	6.20	78.82
2004	12.00	2.73	6.68	78.58
2005	12.86	2.54	7.69	76.91

由表3.7可知，东中西三大地区内部及三大地区之间的差异对全国总体差异的贡献具有以下主要特点：

其一，从贡献率的变动趋势看，东部地区内部人均GDP的差异对全国总体差异的贡献率快速下降（由1978年的47.18%下降到2005年的12.86%）。中部地区内部人均GDP的差异对全国总体差异的贡献率也呈下降趋势（从1978年的9.51%降至2005年的2.54%），但不如东部地区显著。西部地区内部人均GDP的差异对全国总体差异的贡献率虽有波动，但总体来看，1978—2000年间较为平稳，此后开始缓慢增大。而三大地区之间的人均GDP的差异对全国总体差异的贡献率则从1978年的36.30%快速升至2003年的78.82%，此后略有回落。

其二，从贡献率的相对大小看，总体上，东中西三大地区间的差异的贡献最大，其贡献率在近些年来达到70%以上。东部地区内部各省区之间的经济发展水平的差异较大，其差异对全国总体经济差异的影响始终居第二位。而中西部地区内部各省区之间的经济发展水平较东部地区均衡，它们的差异对全国总体经济差异的贡献也就相对较小。

其他学者或研究机构如 World Bank(1995)、林毅夫等(1998)、Yao 和 Zhang (2001、2003)、范剑勇和朱国林(2002)、王铮和葛昭攀(2002)、邓翔(2003)、李坤望、黄玖立(2006)等也揭示了上述东中西三大地区内部及三大地区之间的差异对全国总体差异的贡献的特点。这些特点表明,1978 年以来,全国总体差异的扩大在很大程度上是源于三大地区间的不均衡发展。事实上,正如前文所证实,1978 年以来,三大地区间人均 GDP 的绝对差异持续扩大,其中 1990 年以前幅度较小,1990 年以后,随着"软着陆"的成功,中国经济进入全面加速发展的阶段,三大地区间的绝对差异也迅速增加,东部地区同中西部地区的人均 GDP 水平迅速拉开,西部地区不但同东部地区的差异显著拉大,同中部地区的差异也逐渐增加,以至于三大地区间的差异日益成为中国总体差异扩大的最重要来源,图 3.6 证实了这一判断。

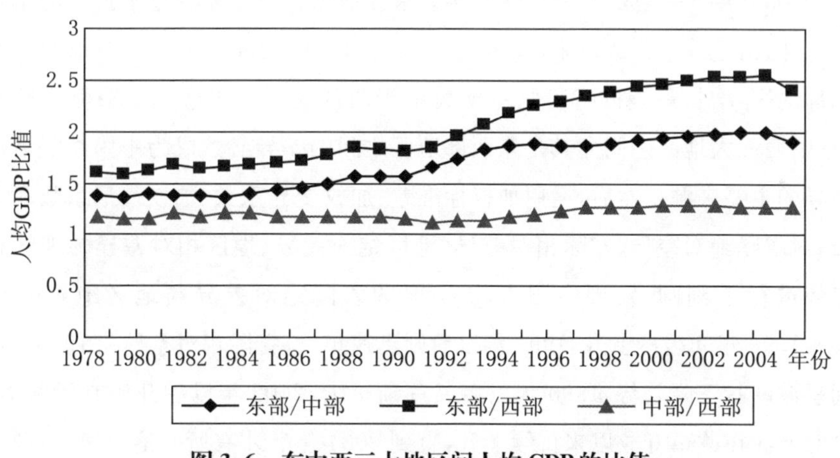

图 3.6　东中西三大地区间人均 GDP 的比值

1990 年以前,三大地区间差异的波动幅度较小,表现为三大地区间人均 GDP 的比值相对平稳。而 1990 年以后,东部地区人均 GDP 对中西部地区人均 GDP 的比值逐步增加,表明它们之间的差异显著扩大;中部地区人均 GDP 与西部地区人均 GDP 的比值则稳中有升,意味着二者之间的差异也略有扩大。总之,图 3.6 显示,1990 年以来中国地区总体差异的扩大主要是由东部地区与内陆地区之间的差异所推动,其政策含义十分明显:采取有效措施逐步缩小东中西三大地区之间的经济发展差异,是实现中国区域经济协调发展的关键。

3.5 本章小结

基于同时剔除了价格因素和生活成本差异因素影响的中国人均GDP的分省数据,本章首先通过分析1978—2005年间各省(区)市的经济增长率特征,对中国地区差异的状况进行了初步判断。发现大部分省(区)市和地区在20世纪90年代的经济增长率要高于它们在80年代的增长率,而且90年代增长率的省际差异也要大于80年代,这成为导致1990年以来经济增长省际差异重新扩大的重要原因。另外,由于改革开放以来,经济增长最快的省份大部分属于东中部地区尤其是东部地区,增长最慢的省份则主要集中于西部地区。在这一不平衡增长格局下,东中西三大地区之间尤其是东西部地区之间的差异必然成为中国经济增长总体差异的主要来源。然后,运用加权标准差、加权变异系数、加权基尼系数和泰尔指数,对省际绝对差异、省际相对差异、地区绝对差异、地区相对差异的现状和演变趋势进行了刻画,发现中国人均GDP的省际绝对差异与地区绝对差异在1978—1990年间缓慢上升,1990年以后则迅速扩大;省际相对差异在1978—1990年间呈波动状下降趋势,1990年以后又逐渐扩大,2002年以后开始有所回落;地区相对差异在改革开放以来持续上升,直到2004年后才有所回落。最后,利用泰尔指数的可加分解特性,将人均GDP的总体差异分解为东部地区内部差异、中部地区内部差异、西部地区内部差异和三大地区之间的差异,发现东中西三大地区间的差异对总体差异的贡献率最大,表明三大地区间的差异是中国总体差异扩大的最重要的来源。其政策含义十分明显:采取有效措施逐步缩小东中西三大地区之间的经济发展差异,是实现中国区域经济协调发展的关键。这也成为本研究第4章主要以三大地区间差异作为研究重点的关键原因。

第4章

人力资本、要素边际生产率与地区差异的实证研究

基于国内外已有的研究成果，结合中国经济发展自身的阶段性与特殊性，本书第2章提出了一个研究中国地区差异的综合分析框架，下面我们将运用中国的相关数据对此进行经验实证。

4.1 中国经济发展的阶段性与特殊性研究

本书第2章提出的研究中国地区差异的综合分析框架立足于这样一个重要前提：作为一个经济转型国家，尽管技术进步对经济增长的推动作用不断增强，但中国的经济增长方式仍属要素驱动尤其是资本驱动型，而且二者的差异均为解释地区差异的最重要的直接因素，那么，这个前提条件是否成立？下面笔者将运用增长核算与方差分解方法来研究这一问题。

4.1.1 要素投入与全要素生产率对经济增长的作用分析

增长核算为我们分解投入要素和全要素生产率对经济增长的贡献率，进而判断经济增长的主要推动因素提供了分析框架。设生产函数为①：

① 采用不包含人力资本的生产函数进行增长核算和方差分解时，文中的结论并不改变。但考虑到对人力资本的直接贡献进行研究的需要，我们采用了包含人力资本的生产函数。

$$Y_{it} = A_{it} K_{it}^{\alpha} (L_{it} h_{it})^{1-\alpha} \quad (4.1)$$

其中，Y_{it}、A_{it}、K_{it}、L_{it}分别为 i 省 t 年的总产出、全要素生产率（TFP）、资本存量、劳动投入；h_{it}为 i 省 t 年的劳动力的平均受教育年限；α 为资本的产出弹性系数。将式（4.1）改写成劳均产出、劳均资本、劳均人力资本的形式有：

$$y_{it} = A_{it} k_{it}^{\alpha} h_{it}^{1-\alpha} \quad (4.2)$$

这里，y_{it}是劳均产出；k_{it}为劳均资本存量。对式（4.2）两边取对数并对时间求导，可以得到：

$$G_{yit} = G_{Ait} + \alpha G_{kit} + (1-\alpha) G_{hit} \quad (4.3)$$

其中，G_{yit}是劳均产出增长率；G_{Ait}为全要素生产率增长率；G_{kit}、G_{hit}分别为劳均资本、劳均人力资本增长率。

在已知资本的产出弹性系数 α 的条件下，可求得各投入要素以及 TFP 对经济增长的贡献率：

$$C_{kit} = \alpha G_{kit} / G_{yit}\text{；} C_{hit} = (1-\alpha) G_{hit} / G_{yit}\text{；} C_{Ait} = 1 - C_{kit} - C_{hit} \quad (4.4)$$

其中，C_{kit}、C_{hit}、C_{Ait}分别表示资本投入、人力资本、TFP 对经济增长的贡献率。

运用增长核算方法进行实证的关键之一是确定资本的产出弹性系数 α，这有两种方法：其一，根据国民账户和投入/产出表推算资本的收入份额；其二，计量经济学的回归方法。采用第一种方法计算出的 α 一般要小于运用第二种方法估计得到的 α（梁红、易峘，2005），加上使用的数据或分析的时段不同，不同学者在研究中所得到的资本的产出弹性系数也就有所差别。综观已有研究，许多学者或研究机构倾向于使用的资本的产出弹性系数集中在 0.4 或 0.4 以上的一些数值。其中，使用 0.4 的包括 World Bank（1997）、沈坤荣（1999）、Young（2000）、Chow（2002）、邓翔（2003）、彭国华（2005）、梁红和易峘（2005）、胡鞍钢和王亚华（2005）等；采用 0.5 的有 Hu 和 Khan（1996）、Wang 和 Yao（2003）、沈坤荣（1999）、王小鲁（2000）、OECD（2005）、胡鞍钢和王亚华（2005）等；沈坤荣（1999）、胡鞍钢和王亚华（2005）等还使用了 0.6；Kim 和 Lau（1996）、Lau 和 Park（2003）、傅晓霞和吴利学(2006)等确定的资本的产出弹性系数则超过了0.6。因此,通过综合考虑上述学者或研究机构的研究,我们将分别采用0.4、0.5作为资本的产出弹性系数进行增长核算,分析时段为1987—2005年①。表4.1给出了增长核算的结果,据此,我们可以分析经济增长的主要推动因素。

表4.1　各地区经济增长因素贡献率(%)

地区	劳均GDP增长率	劳均物质资本增长率	劳均人力资本增长率	物质资本弹性系数:0.4				物质资本弹性系数:0.5			
				贡献率			TFP增长率	贡献率			TFP增长率
				物质资本	人力资本	TFP		物质资本	人力资本	TFP	
北京	7.67	13.08	2.49	68.22	19.49	12.29	0.94	85.28	16.24	−1.52	−0.12
天津	11.54	13.70	2.01	47.49	10.45	42.07	4.85	59.36	8.71	31.94	3.68
河北	10.12	10.70	1.56	42.27	9.22	48.51	4.91	52.83	7.68	39.48	4.00
山西	8.41	8.81	1.49	41.86	10.59	47.54	4.00	52.33	8.83	38.84	3.27
内蒙古	10.03	11.60	1.62	46.26	9.68	44.06	4.42	57.83	8.06	34.11	3.42
辽宁	8.72	9.37	1.63	42.96	11.22	45.83	4.00	53.70	9.35	36.96	3.22
吉林	9.22	9.70	1.37	42.11	8.89	49.00	4.52	52.64	7.41	39.95	3.68
黑龙江	7.57	7.44	1.48	39.32	11.71	48.98	3.71	49.15	9.75	41.10	3.11
上海	10.34	15.11	2.21	58.47	12.84	28.69	2.97	73.09	10.70	16.21	1.68
江苏	12.10	14.48	1.76	47.87	8.72	43.41	5.25	59.84	7.27	32.89	3.98
浙江	10.94	13.71	1.36	50.11	7.47	42.42	4.64	62.64	6.22	31.14	3.41
安徽	8.43	8.54	1.26	40.53	8.99	50.48	4.26	50.66	7.49	41.85	3.53
福建	10.80	10.48	1.41	38.81	7.83	53.36	5.76	48.51	6.53	44.96	4.86
江西	9.53	12.50	1.17	52.48	7.35	40.17	3.83	65.59	6.13	28.28	2.69
山东	10.62	11.01	1.58	41.48	8.92	49.60	5.27	51.85	7.43	40.72	4.32
河南	8.14	9.93	1.51	48.80	11.16	40.04	3.26	61.00	9.30	29.70	2.42
湖北	9.54	11.53	1.34	48.33	8.43	43.23	4.13	60.42	7.03	32.55	3.11

① 由于人力资本数据始于1987年,因此我们将分析时段确定为1987—2005年。另外,正如本书核算结果所示,在其他条件相同的情况下,资本的产出弹性系数越大,资本对经济增长的贡献率就越大,因此本书没有再给出资本的产出弹性系数取0.6及0.6以上值(包括本书的估计值0.684)时的核算结果。

续表

地区	劳均GDP增长率	劳均物质资本增长率	劳均人力资本增长率	物质资本弹性系数:0.4				物质资本弹性系数:0.5			
				贡献率			TFP增长率	贡献率			TFP增长率
				物质资本	人力资本	TFP		物质资本	人力资本	TFP	
湖　南	8.13	8.67	1.30	42.64	9.60	47.76	3.88	53.30	8.00	38.70	3.15
广　东	10.47	13.47	1.14	51.43	6.54	42.03	4.40	64.29	5.45	30.26	3.17
广　西	8.78	8.76	1.21	39.90	8.28	51.82	4.55	49.87	6.90	43.23	3.80
四　川	8.64	9.31	0.94	43.11	6.51	50.38	4.35	53.88	5.43	40.69	3.52
贵　州	6.01	8.38	1.22	55.75	12.20	32.05	1.93	69.69	10.17	20.14	1.21
云　南	7.31	12.03	1.15	65.83	9.46	24.70	1.81	82.29	7.89	9.82	0.72
陕　西	7.15	10.37	1.61	57.98	13.48	28.54	2.04	72.48	11.23	16.29	1.17
甘　肃	8.66	9.98	1.53	46.11	10.61	43.27	3.75	57.64	8.84	33.52	2.90
青　海	6.65	11.89	2.18	71.52	19.68	8.79	0.58	89.41	16.40	−5.81	−0.39
宁　夏	6.77	8.11	1.61	47.90	14.30	37.80	2.56	59.87	11.92	28.21	1.91
新　疆	8.09	12.51	1.69	61.83	12.53	25.64	2.07	77.29	10.44	12.27	0.99
东部平均	10.33	12.51	1.71	48.91	10.27	40.82	4.30	61.14	8.56	30.30	3.22
中部平均	8.62	9.64	1.36	44.51	9.59	45.90	3.95	55.64	7.99	36.37	3.12
西部平均	7.81	10.29	1.48	53.62	11.67	34.71	2.81	67.02	9.73	23.25	1.92
全国平均	8.94	10.90	1.53	49.33	10.58	40.09	3.67	61.67	8.81	29.52	2.73

注:(1)各省(区)市实际GDP、物质资本存量、劳动力1978—2003年数据来自Fleisher等(2006),2004—2005年数据系根据《中国统计年鉴》(2005、2006)相关数据,采用他们的方法补充得到。(2)人力资本采用人均受教育年限替代,其计算公式为:$h_{it}=6\cdot H_{Pit}+9\cdot H_{Jit}+12\cdot H_{Sit}+16\cdot H_{Hit}$,其中,$H_{Pit}$,$H_{Jit}$,$H_{Sit}$,$H_{Hit}$,分别代表小学、初中、高中、大学文化程度人口比重。各种文化程度人口比重1987—2000年数据来自陈钊等(2004),2001—2005年数据系根据《中国人口统计年鉴》相关数据计算得到。

表4.1的数据显示,总体上,各地区物质资本积累对经济增长的贡献率最高。当物质资本的弹性系数为0.4时,东西部地区物质资本积累对经济增长的贡献率依次为48.91%、53.62%,这要明显高于其全要素生产率对经济增长的贡献率,而中部地区物质资本对经济增长的贡献率虽然稍低,为44.51%,但仍接近于其全

要素生产率对经济增长的贡献率。当物质资本的弹性系数增大到 0.5 时，东中西三大地区物质资本积累对经济增长的贡献率均大幅度提高，分别达到 61.14%、55.64%、67.02%，这远高于全要素生产率对经济增长的贡献率。因此总体上，物质资本积累是各地区经济增长的首要推动因素，这反映出物质资本积累在中国经济增长中的重要作用。事实上，高储蓄率和高投资率是中国经济转型过程中最显著的特点之一(Wang and Yao，2003)。TFP 增长对经济增长的贡献率次之。物质资本的产出弹性系数为 0.4 时，东中西三大地区 TFP 的贡献率依次为40.82%、45.90%、34.71%，当物质资本的产出弹性系数取 0.5 时，虽然各地区 TFP 的贡献率分别降至 30.30%、36.37%、23.25%，但仍居第二位，表明 TFP 增长是中国各地区经济增长的另一重要源泉。诸多因素如 FDI 的溢出效应、市场化改革等促进了中国 TFP 增长率的显著提高。上述结论与其他学者(Wang and Yao，2003；林毅夫、苏剑，2007；梁红、易峘，2005；傅晓霞、吴利学，2006 等)的研究一致。人力资本积累对经济增长的推动作用相对较小。东中西三大地区人力资本的贡献率，在物质资本的产出弹性系数取 0.4 时依次只有 10.27%、9.59%和 11.67%，在物质资本的产出弹性系数为 0.5 时更是分别降至 8.56%、7.99%、9.73%。可能的原因是：人力资本作用于经济增长的机制有两种，一是作为生产过程的直接投入要素促进经济增长；二是通过技术进步这一中介间接地促进经济增长。由于增长核算捕捉的是人力资本的直接作用，因此存在低估其贡献的可能。但另一方面这也表明人力资本的间接作用可能更重要。

从各因素贡献率的地区间的差异来看，西部地区物质资本对经济增长的贡献率明显高于东中部地区，这表明西部地区的物质资本积累对其经济增长具有尤为重要的推动作用，既然如此，那么为什么旨在缩小地区差异的政府扶持政策如加大对西部地区的财政转移支付力度，实施西部大开发战略等并没有使西部地区获得更快的发展呢？由表 4.1 可以看出，个中一个重要原因在于西部地区的全要素生产率的增长率较低，因为不管物质资本的产出弹性系数是 0.4 还是 0.5，西部地区的全要素生产率的增长率比东中部地区均要低一个多百分点。较低的全要素生产率使西部地区物质资本的使用效率较低，从而使得加大其物质资本投资以缩小地区差异的政策的效果大打折扣。中部地区的全要素生产率增长率虽然与东部地区的较为接近，但其物质资本增长率却显著地低于东西部地区，即呈现所谓“中部塌陷”特点，这也制约了中部地区的经济发展。值得指出的是，中西部地区与东部地区之间的技术进步水平的实际差距比本研究估计的肯定要大，因为本研究估计的仅仅是各地区的“非体现的技术进步”（郑玉歆，1999；易纲等，2005；郭庆旺、贾俊雪，2005；林毅夫、任若恩，2007）的差距，而东部地区的物质资本投资无论在数量上还是质量上都要超过中西部地区，因此其“资本体现的技术进步”（Solow，1960）也会高于中西部地区[①]，尽管这一幅度并不明显（赵志耘等，2007）。

总体上，本研究的增长核算同样揭示了中国经济增长的如下基本特征：经济增长主要由资本的增长推动，其次是全要素生产率的增长。正是这一基本特征决定了中国现阶段不能片面强调资本积累或技术进步的重要性，否则将不利于中国经济的持续增长和地区差异的缩小。具体的原因在于：第一，从人类社会经济发展近300余年的历史长河来看，大规模资本投入阶段或资本积累阶段是一个不可逾越的历史阶段，这一阶段的完成大致需要经历100年左右的时间（赵志耘等，2007），而资本积累恰好是中国现阶段经济增长的主要推动因素。第二，中国经济增长方式的转变——由投资驱动阶段转变到创新驱动阶段离不开技术水平的大幅度提高，而全要素生产率已成为推动中国经济增长的另一重要源泉，且其推动作用正日益增强。第三，资本积累和全要素生产率之间存在着有机的联系。一方面，在现代社会的经济增长过程中，资本积累与技术进步很可能是相互融合的，存在着不可分割的联系。事实上，物质资本积累与技术进步的动态融合是中国经济增长的一个典型化事实，即中国经济增长中过去和目前都存在着明显的体现在设备资本中的技术进步（赵志耘等，2007）；另一方面，无论是“体现的技术进步”还是“非体现的技术进步”都会使资本的边际收益保持较高的水平，从而促进资本的积

① 要了解“体现的技术进步”与“非体现的技术进步”对经济增长的影响，可参阅 Phelps(1962)、Denison(1964)、Johansen(1966)、Bardhan(1969)、Hall(1971)、Triplett(1983)等的研究。

累。鉴于“体现的技术进步”难以测度，而且其地区差异并不十分明显(赵志耘等，2007)，本研究将集中于“非体现的技术进步”(全要素生产率)与资本积累之间的有机联系来研究中国的地区差异。

4.1.2 要素投入与全要素生产率对地区差异的影响分析

增长核算结果显示物质资本积累和全要素生产率都是中国经济增长的重要推动因素，而人力资本积累也能解释中国经济增长的 9%左右。那么，这些因素的差异能在多大程度上解释地区经济增长差异呢？下面我们运用方差分解方法来研究这一重要问题。

鉴于 Klenow 和 Rodriguez-Clare(1997)、Hall 和 Jones(1999)等对人均产出水平值研究的关注，我们遵循李静等(2006)、傅晓霞和吴利学(2006)等的技术线路，分别采用 Klenow 和 Rodriguez-Clare(1997)以及 Easterly 和 Levine(2001)的方法对劳均 GDP 的水平值进行了方差分解。具体的分解方法如下：

对式(4.2)两边取对数，得到：

$$\ln y_{it} = \ln TFP_{it} + \alpha \ln k_{it} + (1-\alpha)\ln h_{it} \tag{4.5}$$

其中，TFP_{it} 即全要素生产率。由式(4.5)有：

$$\begin{aligned} \operatorname{var}(\ln y_{it}) = {} & \operatorname{cov}(\ln y_{it},\ \ln TFP_{it}) + \operatorname{cov}(\ln y_{it},\ \alpha \ln k_{it}) \\ & + \operatorname{cov}(\ln y_{it},\ (1-\alpha)\ln h_{it}) \end{aligned} \tag{4.6}$$

上式中的 var、cov 分别为表示方差与协方差的符号。

将式(4.6)两边同时除以 $\operatorname{var}(\ln y_{it})$ 可得到：

$$\begin{aligned} 1 = {} & \frac{\operatorname{cov}(\ln y_{it},\ \ln TFP_{it})}{\operatorname{var}(\ln y_{it})} + \frac{\operatorname{cov}(\ln y_{it},\ \alpha \ln k_{it})}{\operatorname{var}(\ln y_{it})} \\ & + \frac{\operatorname{cov}(\ln y_{it},\ (1-\alpha)\ln h_{it})}{\operatorname{var}(\ln y_{it})} \end{aligned} \tag{4.7}$$

由式(4.7)可知，劳均产出的差异被分解为全要素生产率差异的贡献份额、劳均物质资本差异的贡献份额、劳均人力资本差异的贡献份额三部分。该种分解方法由 Klenow 和 Rodriguez-Clare(1997)首先提出,本书将之简称为 K-R 分解。

Easterly 和 Levine(2001)则将式(4.5)做出如下分解:

$$\begin{aligned}\mathrm{var}(\ln y_{it}) = &\ \mathrm{var}(\ln TFP_{it}) + \mathrm{var}(\alpha\ln k_{it}) + \mathrm{var}((1-\alpha)\ln h_{it}) \\ &+ 2\mathrm{cov}(\alpha\ln k_{it}, \ln TFP_{it}) + 2\mathrm{cov}(\alpha\ln k_{it}, (1-\alpha)\ln h_{it}) \\ &+ 2\mathrm{cov}(\ln TFP_{it}, (1-\alpha)\ln h_{it})\end{aligned} \tag{4.8}$$

将式(4.8)两边同除以 $\mathrm{var}(\ln y_{it})$ 有:

$$\begin{aligned}1 = &\ \frac{\mathrm{var}(\ln TFP_{it})}{\mathrm{var}(\ln y_{it})} + \frac{\mathrm{var}(\alpha\ln k_{it})}{\mathrm{var}(\ln y_{it})} + \frac{\mathrm{var}((1-\alpha)\ln h_{it})}{\mathrm{var}(\ln y_{it})} \\ &+ \frac{2\mathrm{cov}(\alpha\ln k_{it}, \ln TFP_{it})}{\mathrm{var}(\ln y_{it})} + \frac{2\mathrm{cov}(\alpha\ln k_{it}, (1-\alpha)\ln h_{it})}{\mathrm{var}(\ln y_{it})} \\ &+ \frac{2\mathrm{cov}(\ln TFP_{it}, (1-\alpha)\ln h_{it})}{\mathrm{var}(\ln y_{it})}\end{aligned} \tag{4.9}$$

式(4.9)将劳均产出差异分解为全要素生产率差异、劳均物质资本差异、劳均人力资本差异以及它们两两之间的协方差,本书将该种分解方法称为 E-L 分解。

表 4.2 列出了物质资本的产出弹性系数为 0.4 时的分解结果。E-L 分解结果显示,TFP 的差异对地区差异的平均贡献率为 31.28%,劳均物质资本的差异的平均贡献率为 20.84%,而人力资本的差异的平均贡献率只有 2.39%,这表明 TFP 的差异是导致中国地区差异的主要原因。K-R 分解结果同样表明了这一点,TFP 的差异对地区差异的平均贡献率达 49.90%,要高于物质资本差异的平均贡献率(40.35%)与人力资本差异的平均贡献率(10.29%)。整体上,与 K-R 分解相比,E-L 分解的各因素的贡献率都较低,原因在于 E-L 分解考虑了各因素交互项的影响。从表 4.3 中协方差的贡献率可知,物质资本与 TFP 的协方差的贡献率最大且呈上升趋势,这从一定程度上支持了 TFP 引致物质资本积累的观点(Barry and Susan, 2003)。

表4.2　投入要素和TFP对中国地区差异的贡献(%)($\alpha=0.4$)

年份	E-L分解						K-R分解		
				协方差					
	物质资本	人力资本	TFP	物质资本与人力资本	物质资本与TFP	人力资本与TFP	物质资本	人力资本	TFP
1987	24.42	1.97	39.71	8.54	25.68	5.17	38.95	8.00	52.68
1988	25.53	2.00	37.45	8.83	26.52	5.32	40.52	8.23	50.97
1989	25.32	2.10	36.83	9.44	26.73	5.63	40.61	8.75	50.57
1990	23.64	4.74	28.93	15.74	28.22	10.70	41.63	15.97	45.22
1991	23.65	2.29	30.93	10.58	32.82	6.39	42.39	9.81	48.15
1992	21.97	2.36	30.89	9.88	33.98	7.89	41.13	10.25	49.15
1993	19.10	4.44	31.10	13.34	31.61	11.44	38.23	14.96	49.23
1994	20.13	2.41	30.60	10.08	35.45	8.63	40.16	10.75	49.82
1995	20.66	3.02	29.53	12.14	34.09	9.34	40.61	12.49	48.32
1996	20.02	3.05	30.03	10.98	35.10	9.02	40.16	11.77	49.21
1997	19.35	2.99	30.36	10.33	36.12	8.57	39.82	11.18	49.91
1998	20.07	2.46	29.27	9.87	37.17	8.18	40.89	10.45	49.27
1999	19.21	2.00	29.33	9.70	37.53	9.30	40.20	10.65	49.84
2000	18.45	1.62	30.45	7.61	39.22	8.19	39.69	8.84	51.43
2001	18.18	1.57	30.49	7.33	39.71	8.06	39.59	8.60	51.68
2002	18.26	1.60	30.66	7.53	39.72	7.44	39.72	8.41	51.66
2003	18.81	1.60	29.92	7.31	39.92	7.63	40.29	8.40	51.10
2004	19.24	1.37	29.58	6.99	40.38	7.17	40.84	7.87	50.87
2005	20.05	1.79	28.23	9.19	38.40	8.90	41.29	10.08	49.09
平均值	20.84	2.39	31.28	9.76	34.65	8.05	40.35	10.29	49.90

当物质资本的产出弹性系数增加到0.5时，E-L分解和K-R分解结果均显示TFP的差异对地区差异的平均贡献率开始低于物质资本差异的平均贡献率(见表4.3)，李静等(2006)的研究也表明了这一点①。由此可知物质资本产出弹性系数

① 本研究对劳均产出的分解结果与李静等(2006)的研究相似，不过他们指出，当资本的产出弹性系数取0.5及以上值时，虽然TFP的作用已经让位于要素投入，但包含着TFP与要素投入的相互作用的交叉项仍然能够说明TFP在解释地区差距中的决定作用，因此他们的关于TFP的差距是解释中国地区差距最主要的根源的结论具有相当的稳健性。

的设定对分解结果具有显著的影响。正是基于这一点，傅晓霞、吴利学(2006)运用收入份额法与参数估计法对中国的物质资本产出弹性系数进行了估算，并确定采用参数估计法得到的物质资本产出弹性系数(0.687)进行方差分解，他们也发现经济差异主要来源于要素积累而并非全要素生产率。然而尽管如此，本书的E-L分解结果中物质资本与TFP的协方差的贡献率仍然最高且呈不断增大趋势①，这进一步支持了TFP引致物质资本积累的观点。

表4.3 投入要素和TFP对中国地区差异的贡献(%) ($\alpha=0.5$)

年份	E-L分解						K-R分解		
				协方差					
	物质资本	人力资本	TFP	物质资本与人力资本	物质资本与TFP	人力资本与TFP	物质资本	人力资本	TFP
1987	38.16	1.37	35.22	8.90	19.34	3.11	48.69	6.67	44.41
1988	39.88	1.39	32.83	9.20	19.78	3.18	50.65	6.86	42.35
1989	39.56	1.46	32.18	9.83	20.31	3.35	50.76	7.29	42.02
1990	36.94	3.29	24.54	16.40	24.64	7.04	52.04	13.31	37.74
1991	36.96	1.59	24.69	11.02	29.20	3.80	52.99	8.17	39.35
1992	34.32	1.64	24.57	10.29	31.49	5.22	51.42	8.54	40.74
1993	29.84	3.08	25.79	13.90	31.06	8.06	47.78	12.47	42.41
1994	31.45	1.67	23.91	10.50	34.49	5.80	50.20	8.96	41.75
1995	32.28	2.10	23.28	12.65	32.95	6.14	50.77	10.41	40.46
1996	31.29	2.12	23.47	11.44	34.33	6.13	50.19	9.81	41.33
1997	30.23	2.07	23.44	10.76	35.86	5.87	49.77	9.32	42.00
1998	31.35	1.71	22.06	10.28	36.63	5.49	51.12	8.71	40.96
1999	30.01	1.39	22.17	10.10	37.56	6.32	50.25	8.88	41.74
2000	28.84	1.13	22.69	7.93	39.65	5.72	49.61	7.37	43.13

① 李静等(2006)、傅晓霞和吴利学(2006)的研究也表明投入要素与TFP的协方差呈扩大趋势，只不过他们没有分别求出物质资本、人力资本与TFP的协方差。

续表

年份	E-L分解						K-R分解		
				协方差					
	物质资本	人力资本	TFP	物质资本与人力资本	物质资本与TFP	人力资本与TFP	物质资本	人力资本	TFP
2001	28.41	1.09	22.57	7.63	40.36	5.65	49.49	7.17	43.36
2002	28.53	1.11	22.62	7.85	40.37	5.10	49.65	7.01	43.27
2003	29.39	1.11	21.91	7.62	40.24	5.31	50.36	7.00	42.57
2004	30.06	0.95	21.39	7.28	40.49	4.92	51.05	6.56	42.10
2005	31.34	1.24	20.84	9.57	38.02	6.03	51.62	8.40	40.61
平均值	32.57	1.66	24.75	10.17	32.99	5.38	50.44	8.57	41.70

正如同傅晓霞、吴利学(2006)与彭国华(2005)、李静等(2006)得到完全相反的研究结论一样，本研究的劳均产出的方差分解在资本积累和全要素生产率(技术进步)提高对解释地区差异的相对重要性这一问题上也没有得到一致的结论，但这并不能否认二者在解释地区差异中的重要作用，同时，增长核算的结果已表明，资本积累和全要素生产率是经济增长的最为重要的直接推动因素。因此，片面强调资本积累或全要素生产率的重要性都无助于洞察经济增长过程，Charles Jones也指出，“……我认为一个更好的答案是，传统的投入要素和生产率都发挥着极大而重要的作用”(Barry and Susan，2003)。本研究也认为，尽管在资本积累和全要素生产率提高对解释地区差异的相对重要性这一问题上至今没有一致的结论，但不可否认二者既是经济增长的直接推动力，又是解释地区差异的最为重要的直接因素，而且TFP的提高对资本积累具有极为重要的引致作用。因此，在解释中国地区差异的过程中，我们有必要立足于经济发展的这一阶段性与特殊性，通过全要素生产率——资本边际生产率——资本积累这一内在联系将资本积累和TFP联系起来考虑。

4.2 全要素生产率、要素边际生产率与地区差异

本书研究中国地区差异的分析框架认为，全要素生产率的地区差异会导致要素（资本、劳动力）边际生产率的地区差异，要素边际生产率的地区差异又会引起要素积累水平的地区差异，而要素积累水平的地区差异则会导致经济发展水平的地区差异，那么，中国各地区的要素的边际生产率的变动趋势如何？全要素生产率在这种变动趋势中的作用怎样？这种变动趋势对地区差异又会产生什么样的影响？我们拟通过对全要素生产率和要素边际生产率的估算来回答上述问题。

4.2.1 生产函数的估计

全要素生产率和要素边际生产率的估算需要以生产函数的估计为基础，因此我们首先进行生产函数的估计。

1. 模型的设定

我们将生产函数设定为如下 Cobb-Douglas 形式[①]：

$$Y_{it} = A_{it} K_{it}^{\alpha} L_{it}^{\beta} \tag{4.10}$$

其中，Y_{it}、A_{it}、K_{it}、L_{it}分别为i省t年的总产出、全要素生产率、资本存量、劳动投入；α、β分别表示物质资本、劳动力的产出弹性。对式(4.10)两边同时取对数可得：

$$\ln Y_{it} = \ln A_{it} + \alpha \ln K_{it} + \beta \ln L_{it} \tag{4.11}$$

① 鉴于人力资本对经济增长的直接贡献较小，以及人力资本主要通过技术进步这一中介间接地促进经济增长（本研究及其他学者的研究都证明了这一点），我们没有将人力资本以生产过程的简单投入品的方式引入生产函数。其他一些学者如李小平和朱钟棣(2004)、陈瑜和樊纲(2004)、郭庆旺和贾俊雪(2005)等的研究也采用不包含人力资本的生产函数。

对式(4.11)施加规模报酬不变的约束，则生产函数变为：

$$Y_{it} = A_{it} K_{it}^{\alpha} L_{it}^{1-\alpha} \tag{4.12}$$

将式(4.12)两边同时除以L_{it}，得到：

$$y_{it} = A_{it} k_{it}^{\alpha} \tag{4.13}$$

这里，y_{it}是人均产出；k_{it}为人均资本存量。把式(4.13)改写为对数形式：

$$\ln y_{it} = \ln A_{it} + \alpha \ln k_{it} \tag{4.14}$$

估计式(4.11)与式(4.14)可得各投入要素的产出弹性系数。这样资本、劳动的边际生产率与全要素生产率可分别通过以下各式求得：

$$MPK_{it} = \alpha A_{it} K_{it}^{\alpha-1} L_{it}^{\beta} = \alpha \frac{Y_{it}}{K_{it}} \tag{4.15}$$

$$MPL_{it} = \beta A_{it} K_{it}^{\alpha} L_{it}^{\beta-1} = \beta \frac{Y_{it}}{L_{it}} \tag{4.16}$$

$$TFP_{it} = \frac{Y_{it}}{K_{it}^{\alpha} L_{it}^{\beta}} \tag{4.17}$$

2. 数据的处理与来源

生产函数估计涉及的数据包括真实国内生产总值(GDP)、物质资本存量(K)、劳动力投入(L)。Fleisher、Li 和 Zhao(2006)给我们提供了 1978—2003 年的数据，2004、2005 年数据则由我们根据《中国统计年鉴》(2005、2006)相关数据，采用他们的方法补充得到。其中，真实国内生产总值和物质资本存量的估算方法如下：

真实国内生产总值(既剔除了价格因素影响又考虑了生活成本差异)由名义国内生产总值通过价格平减得到。GDP 平减指数(反映了各省的生活成本差异)的构造方法是：第一步，使用名义 GDP 和按可比价格计算的 GDP 指数(上年为 100)构造各省的 GDP 平减指数。第二步，将北京作为基准地区(其 1990 年 GDP 平减指数设为 100)，利用 Brandt 和 Holz(2004)的消费价格水平数据构建出各省

1990年的可比的价格指数。第三步，采用第二步中求得的各省1990年的可比的价格指数，对第一步中构造出的各省的GDP平减指数进行调整，从而得到能够反映各省生活成本差异的GDP平减指数。

物质资本存量（既剔除了价格因素影响又考虑了生活成本差异）的估计采用Holz（2006）的NIA方法：第一步，利用各省的名义固定资产折旧值除以5%的折旧率得到各省的名义固定资产。第二步，构造固定资产平减指数。根据各省的固定资本形成总额、固定资本形成总额指数（上年为100）构建1978—1995年的固定资本形成总额的隐含平减指数，1996—2005年的平减指数则采用各省的固定资产投资价格指数替代，将二者合并就得到了1978—2005年各省的固定资产平减指数。第三步，将北京作为基准地区（其1990年GDP平减指数设为100），利用Brandt和Holz（2004）的消费价格水平数据构建出各省1990年的可比的价格指数。第四步，采用第三步中求得的各省1990年的可比的价格指数，对第二步中构造出的各省的固定资产平减指数进行调整，从而得到能够反映各省生活成本差异的固定资产平减指数。第五步，将由第一步计算出的各省的名义固定资产，结合由第四步得到的反映各省生活成本差异的固定资产平减指数和1%的废弃率估计出各省的物质资本存量。

总之，该数据集的一个显著特点就在于其GDP和物质资本存量同时剔除了价格因素和生活成本差异的影响，从而使得地区差异的比较更具合理性。

3. 生产函数的估计结果

由于相关检验（F检验或卡方检验）拒绝了不存在固定效应的原假设，我们采用Panel-Data的固定效应模型对式（4.11）、式（4.14）进行估计，估计结果见表4.4。第（1）、（2）列分别为采用最小二乘法（OLS），对没有施加规模报酬不变约束和施加了规模报酬不变约束的生产函数进行估计的结果，尽管资本与劳动力的系数均为正且统计显著，但如果回归方程存在异方差和自相关，那么估计结果会缺乏有效性。为此，我们利用似然比检验（LR-test）对回归方程的异方差与自相关进行诊断，结果表明确实存在异方差和自相关问题。因此，我们采用广义最小二乘法（FGLS）对异方差和一阶自相关进行纠正，相关模型的回归结果见第(3)、(4)列[①]。

表4.4 生产函数回归结果(1978—2005年)

被解释变量 $\ln Y_{it}$	OLS		FGLS(纠正了异方差和一阶自相关)	
	(1)	规模报酬不变(2)	(3)	规模报酬不变(4)
Const.	0.126 (0.40)	1.806*** (27.86)	−0.931** (−2.37)	2.303*** (11.96)
$\ln K_{it}$	0.752*** (77.17)	0.732*** (126.17)	0.683*** (46.48)	0.688*** (57.68)
$\ln L_{it}$	0.122** (2.10)	—	0.374*** (5.40)	—
省虚拟变量	Yes	Yes	Yes	Yes
R^2	0.9842	0.9670	—	—
Obs.	784	784	784	784

注:(1)、(2)列括号中数值为 t 检验值,(3)、(4)列括号中数值是 Z 检验值。**、***分别代表5%、1%的显著性水平。

4.2.2 资本边际生产率与地区差异

资本积累是影响地区经济增长的主要因素,因此,资本在地区间的流向会在很大程度上决定地区差异的变动趋势。在市场经济条件下,受利润最大化动机所驱动,资本在总体上倾向于由边际生产率低的地区流向边际生产率高的地区。根据新古典经济理论,由于资本边际生产率递减规律的作用,这种流动会使地区间资本的边际生产率逐渐趋同,从而逐步改变市场导向的资本一边倒地流向发达地区的局面,随着外溢效应的扩散和资本回流现象的出现,欠发达地区和发达地区的差距问题会有所缓和(梁宇峰,1997)。

① 施加了规模报酬不变约束条件的资本的产出弹性系数为0.688,这与郭庆旺和贾俊雪(2005)、傅晓霞和吴利学(2006)等的估计结果相似。

利用表 4.4 中第(3)列的回归结果:资本的产出弹性系数 0.683,结合式(4.15),我们计算了 1978—2005 年东中西三大地区的资本边际生产率(见表 4.5),以分析中国资本边际生产率的地区差异及其变动趋势。

表 4.5　东中西三大地区 1978—2005 年的资本边际生产率

年份	东部	中部	西部
1978	0.361 8	0.324 8	0.296 8
1979	0.347 0	0.312 5	0.283 5
1980	0.338 2	0.283 6	0.273 9
1981	0.318 0	0.277 0	0.260 0
1982	0.313 4	0.272 0	0.259 1
1983	0.312 0	0.263 7	0.259 4
1984	0.308 2	0.268 2	0.256 5
1985	0.295 7	0.260 4	0.259 8
1986	0.278 3	0.237 9	0.249 7
1987	0.259 0	0.235 6	0.240 1
1988	0.244 0	0.222 5	0.227 3
1989	0.220 0	0.202 1	0.211 1
1990	0.206 9	0.192 3	0.199 8
1991	0.198 4	0.181 4	0.194 1
1992	0.201 4	0.176 3	0.184 3
1993	0.214 0	0.189 2	0.190 6
1994	0.204 8	0.188 9	0.186 8
1995	0.197 2	0.183 2	0.179 6
1996	0.193 8	0.178 1	0.179 4
1997	0.190 6	0.176 0	0.179 2
1998	0.190 1	0.178 0	0.175 6
1999	0.191 6	0.182 0	0.175 4
2000	0.189 4	0.184 7	0.177 0
2001	0.189 8	0.186 1	0.176 1
2002	0.194 5	0.189 0	0.181 6
2003	0.192 9	0.188 5	0.183 6
2004	0.189 5	0.196 5	0.181 3
2005	0.188 9	0.205 9	0.183 0

从表 4.5 可以看出，1978—1991 年间，东中西三大地区的资本边际生产率均快速下降，分别由 1978 年的 0.361 8、0.324 8、0.296 8 降至 1991 年的 0.198 4、0.181 4、0.194 1，其中东部地区下降的速度最快。而 1991 年以后，各地区的资本边际生产率开始维持在一个相对稳定的水平上。资本边际生产率的这种变动趋势既与资本劳动比有关，又与全要素生产率有关。一方面，随着资本劳动比的提高，资本边际收益递减规律的作用会降低资本边际生产率；另一方面，全要素生产率的增加则会提高资本边际生产率。由于各地区的资本劳动比一直呈上升态势（见图 4.1），因此资本边际生产率的变动趋势主要由全要素生产率的变动情况来决定。将表 4.4 中第(3)列的要素产出弹性系数代入式(4.17)求得各地区的全要素生产率后，我们发现它的变动趋势（见图 4.2）确实与各地区资本边际生产率的变动趋势密切相关。具体来说，各地区全要素生产率呈下降趋势的 1978—1991 年间，它们的资本边际生产率也趋于下降，而各地区全要素生产率均提高的 1991—2005 年间，它们的资本边际生产率下降的势头被遏制并得以维持在一个较为稳定的水平上。由此可见，正是各地区全要素生产率先降后升的变动态势导致了资本边际生产率先快速下降后又趋于稳定的变动趋势。

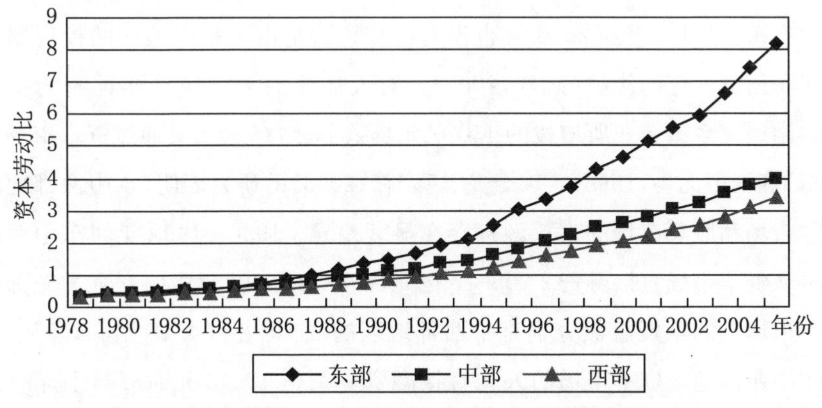

图 4.1　东中西三大地区 1978—2005 年的资本劳动比

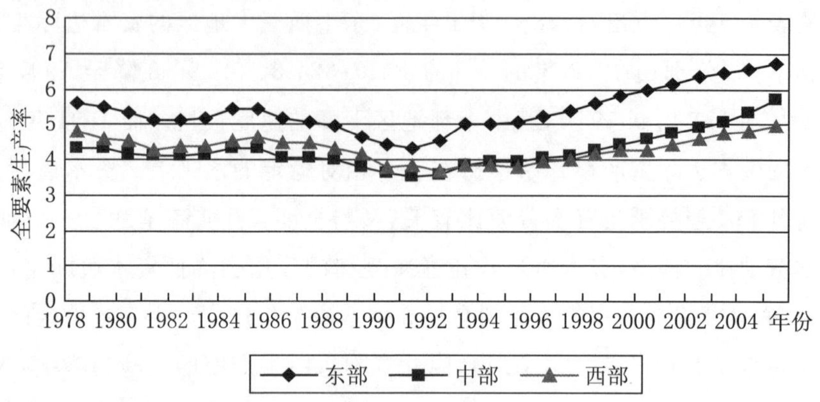

图 4.2　东中西三大地区 1978—2005 年的全要素生产率

上述分析表明，全要素生产率是延缓资本边际生产率下降并使其维持在较高水平的关键因素。自改革开放以来，东部地区的全要素生产率一直高于中西部地区，因此尽管东部地区的资本劳动比比中西部地区要高，但其资本边际生产率在总体上仍要高于后者，显然，这是导致资本（外资、民间资本等）向东部地区流动的主要原因（王小鲁、樊纲，2004），东部地区也因此而获得了更快的资本积累，进而更快的经济增长。资本不断向边际收益较高的东部地区集聚的现象早已为众多学者所关注。王小鲁、樊纲（2004）指出，在整个 20 世纪 90 年代，外资的 85%以上都集中在东部地区，直到 2000 年也没有改变。这是由于东部地区的投资回报率要高于中西部地区的缘故（武剑，2002）。有人估计 1993—1994 年国家为扶持中西部贫困地区乡镇企业所增拨的 150 亿元贷款中，约有 40%又通过资本市场流到了东部地区（厉无畏，1998）。郭金龙、王宏伟（2003）的研究表明，东中西部地区企业债券市场和股票市场的直接融资存在显著差异。1990—1999 年间东中西部地区分别从资本市场直接融资 2 205.10 亿元、763.78 亿元、531.15 亿元。东部地区在资本市场上的融资总额分别是中西部地区的 2.89 倍和 4.15 倍。1990—1999 年间东中西部地区资本市场的人均直接融资分别是 48.43 元、18.44 元和 15.06 元，东部地区人均直接融资分别为中西部地区的 2.62 倍与 3.12 倍。这表明民间资金通过资本市场趋向于从中西部地区流向边际收益较高的东部地区。受政策和现有体制约束的银行资金虽然总体上由东部地区向中西部流动，但由于受利益的驱动，随即资本又由收益率低的中西部地区反向流回到收益率高的东部地区。

总之，在东部地区资金收益率普遍高于中西部地区的背景下，东部地区的资金吸纳能力要远高于中西部地区，中西部地区资金通过各种或明或暗的途径向东部地区流动成为了社会资金流动的基本趋势，且有扩大化趋势[①]。这种资本流动的趋势在促进东部地区经济发展步入良性循环的同时，却使中西部地区经济陷入低水平恶性循环的怪圈。一方面，东部地区社会资金流量大，资本积累能力强，在巨额资金支持下，经济得到快速发展，而这又为聚集更多资金创造了有利条件，从而使经济发展进入良性循环。另一方面，与中西部地区低资本积累相伴的低投资水平使西部经济发展速度明显偏慢，产出水平相对衰减，资本形成更加不足，从而陷入低水平恶性循环（梁宇峰，1997），以至于地区增长差异不断扩大。

综上所述，全要素生产率是影响资本边际生产率，进而资本积累和经济增长的重要因素。一个地区的全要素生产率越高，就越能使其资本边际生产率保持在较高的水平上，从而吸引资本流向该地区，促进其资本积累，随着资本积累的增加，资本边际收益递减规律开始发生作用，但全要素生产率的进一步提高会抵消这种收益递减的作用，这样该地区就能继续吸引资本流入，保持其较高的资本积累水平，从而获得经济的持续增长[②]。由此可知，地区差异的缩小有赖于落后地区资本边际生产率的提高，而提高落后地区的全要素生产率则是提高其资本边际生产率的关键。事实上，通过提高落后地区的全要素生产率进而提高其资本边际生产率的做法能够同时兼顾到效率与公平。因为如果落后地区的资本边际生产率高于发达地区，那么资本向落后地区的流动会在提高其配置效率的同时，增加落后地区的资本积累，从而增加其经济增长水平，达到实现公平的目的。

---

① 这应是20世纪80年代以前中国中央政府虽然作出了种种再分配努力，但其缩小地区差别的实际效果却并不明显（Tsui，1991）的重要原因。

② 正是这一原因使得中国各地区尤其是东部地区的高资本积累得以持续增长，从东部地区更高的资本劳动比和地区间资本劳动比差异的持续扩大（资本劳动比的变异系数由1978年的0.11快速增至2005年的0.50）可见一斑。

4.2.3 劳动边际生产率与地区差异

与资本流动特点相同，劳动力在总体上也总是从劳动边际生产率低的地区向劳动边际生产率高的地区流动。在劳动边际生产率递减规律的作用下，这种流动同样具有拉平地区间劳动边际生产率差距的作用，这样劳动力尤其是高素质劳动力由落后地区向发达地区流动的趋势就会有所趋缓，从而促进落后地区的劳动力尤其是高素质劳动力的积累，增加其经济发展水平，缩小其与发达地区的产出差距①。

那么，中国的劳动边际生产率的状况又如何呢？为了探讨这一问题，我们利用表 4.4 中第(3)列的回归结果：劳动的产出弹性系数 0.374，结合式(4.16)，计算了 1978—2005 年间东中西三大地区的劳动边际生产率，其变动趋势如图 4.3 所示。与资本边际生产率的下降趋势相反，东中西三大地区的劳动边际生产率在整个改革时期均不断上升，而且地区间的差异在持续扩大。1978 年，劳动边际生产率的变异系数为 0.20，至 2005 年达到 0.48。中西部地区劳动边际生产率与东部地区的差距也分别由 1978 年的 1.2 倍、1.5 倍增至 2005 年的 1.9 倍和 2.5 倍。根据式(4.16)，导致各地区劳动边际生产率上升的原因主要有两个，一是各地区资本劳动比的上升(见图 4.1)，一是各地区全要素生产率的提高(见图 4.2)②。

不可否认，东部地区所具有的更高的劳动边际生产率是导致大量劳动力由中西部地区流向东部地区的主要原因(王小鲁、樊纲，2004)，东部地区也因此而获得了较快的劳动积累。据估计，80 年代初期，全国外出打工的农民不足 200 万人。自 80 年代中期以来，农村劳动力跨地区流动的规模越来越大，估计 1993 年为 6 000万人，占同期农村劳动力的 14%，其流动的主要方向是由中西部到东部(杨云彦，1999)。到 2000 年，农村转移到非农产业的劳动力总数达到 1.134 亿人，占

① 本研究主要关注劳动力流动对地区产出的影响，至于其对收入差异的作用，请参阅姚枝仲和周素芳(2003)、王小鲁和樊纲(2004)等的研究。

② 1978—1991 年间，由于资本劳动比上升幅度不大，全要素生产率总体上趋于下降，劳动边际生产率增加的幅度也就较小，而 1991 年以后，随着资本劳动比和全要素生产率的快速提高，劳动边际生产率上升的幅度也随之增加。

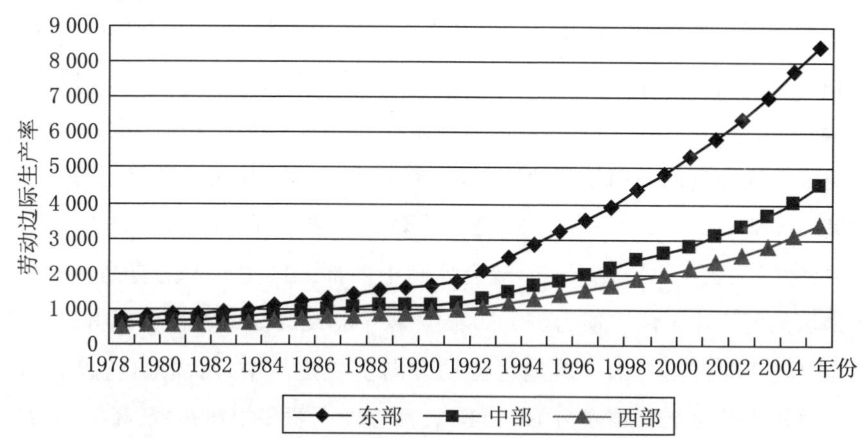

图 4.3　东中西三大地区 1978—2005 年的劳动的边际生产率

农村劳动力总数的 23.6%。在跨省流动总数中，从中西部流入东部地区的占 74.5%(王小鲁、樊纲，2004)。另外，我们还可以通过人口迁移数据对劳动力流向作一基本判断[①]。1982、1990、2000 年人口普查资料和 1987、1995 年 1%全国人口抽样调查资料显示，东部地区是唯一的迁移人口净增长地区。1982—1987 年和 1990—1995 年间东部地区吸收的迁入人口占全国迁移人口的比重分别为 52.95%、66.17%，1995—2000 年该比重上升至 79.18%，而中西部地区吸收的迁入人口占全国迁移人口的比重则分别由 1982—1987 年的 27.32%、19.72%降至 1995—2000 年的 9.03%、11.79%(鲍曙明等，2005)。总之，大量劳动力的流入，一方面使东部地区获得了与其丰富的资本投入相匹配的劳动力，从而提高了其资本的使用效率，另一方面使东部地区得以充分发挥低劳动力成本的比较优势，来促进其经济增长。王桂新、黄颖钰(2005)的研究就表明，大量外来劳动力的迁入，弥补了东部地带本地劳动力供给的不足，推动东部地带的 GDP 增长了 10%以上，对东部地带 GDP 增长的贡献度几乎达 15%。

可以预计，随着中国市场化进程的加快，劳动力市场的竞争压力将使人们的

① 1985—1990 年和 1995—2000 年中国省际迁移人口中在业人口比重分别达 78%、82.6%，因此人口迁移的流向能在很大程度上反映劳动力的流向。

收入水平逐渐接近其边际产出。劳动边际生产率高的地区的人们获得的劳动报酬就相对较高，这样，在东部地区的劳动边际生产率明显高于中西部地区的背景下，劳动力由中西部地区向东部地区大规模转移的格局还会维持。虽然这种流动能在提高劳动力资源利用效率的同时，起到缩小地区间收入水平差距的作用(樊纲，1995；Cai et al.，2002；李国平、范红忠，2003；姚枝仲、周素芳，2003)，但由此而导致的“智力流失”(brain drain)却会抑制中西部地区生产率的提高，从而可能拉大地区间的产出差距。侯力(2003)根据第五次人口普查资料分析得出的结论表明，中国劳动力年龄人口跨地区流动方向主要是从中、西部地区流向东部地区。迁移者平均受教育年限为10.1年，教育程度主要集中在初中、高中和中专等中等教育水平上，占迁移者总体的67.6%，大专及以上水平者占迁移者总体的15.5%，这个比例明显高于全社会劳动年龄人口中受过高等教育者所占的4.8%的比例，甚至高于城镇9.9%的比例。这种由“孔雀东南飞”引起的中西部地区高素质劳动力的短缺，无疑是除资本短缺以外的另一导致中西部地区经济增长缓慢的重要原因。正因如此，人口流动的地区差异与经济增长的地区差异几乎具有同步变化的趋势(段平忠、刘传江，2005)。因此，如何留住和吸引中西部经济发展所需的人才，是一个在缩小地区增长差异过程中值得学者和政策制定者高度重视的问题。从本书的研究来看，提高落后地区的劳动边际生产率既能留住落后地区经济发展所需人才，减少“智力流失”，又不至于损失劳动力的配置效率，而提高落后地区的全要素生产率同样是提高其劳动边际生产率的关键。

总之，生产要素边际生产率的地区差异暗含着未来的地区差异。相对于中西部地区而言，东部地区具有更高的劳动边际生产率，因而会吸引更多劳动力尤其是那些受过高等教育的劳动力流向东部地区，与此相似，较高的资本边际生产率也会使东部地区吸引到更多的投资。生产要素的这种由落后地区向发达地区流动积聚的倾向势必导致地区差异的扩大。因此，增加落后地区生产要素的边际生产率，对实现生产要素向落后地区回流，从而增加落后地区的资本积累与劳动积累①，进而提高其经济发

① 关于要素边际生产率对要素积累的影响的深入分析可参阅杜两省(1996)、邵宜航、刘雅南(2005)的研究。

展水平具有至关重要的作用[①]。在中国经济增长仍属要素驱动型，各地区经济增长有赖于较高的资本劳动比这一背景下，提高落后地区的全要素生产率则是增加其生产要素边际生产率的关键。这进一步支持了全要素生产率的差异是导致要素边际生产率差异，从而要素积累差异，进而中国地区差异的重要因素的结论。

4.3　全要素生产率的决定因素分析

前面的分析表明，全要素生产率的差异是导致中国地区差异的重要因素；提高落后地区的全要素生产率，是提高落后地区生产要素边际生产率，从而增加落后地区的资本积累与劳动积累，进而提高其经济发展水平，缩小其与发达地区的经济差距的关键。那么，全要素生产率的决定因素有哪些呢？这些因素对全要素生产率，进而对经济增长差异贡献的相对重要性怎样呢？下面我们将运用相关计量模型来探讨这些问题。

4.3.1　人力资本对经济增长的作用机制检验

本书提出的研究中国地区差异的综合分析框架中，人力资本被假定为主要通过技术进步这一中介间接地促进经济增长，然而自舒尔茨(Schultz, 1961)提出人力资本理论以来，虽然人力资本与经济增长的关系问题就一直是经济学家关注的焦点，但迄今为止，在人力资本作用于经济增长的机制这一问题上仍存在诸多争论。因此我们有必要对这一假定进行检验，这也是后面进一步研究人力资本对全要素生产率的重要作用的基础。

理论上，Aghion 和 Howitt (1998)综合了两种人力资本对经济增长的作用机

① 尤为重要的是，这种缩小地区差异的途径能在一定程度上同时兼顾到效率与公平。

制，即卢卡斯式作用机制与尼尔森—菲尔普斯式作用机制。卢卡斯(Lucas，1988)式作用机制的实质是：人力资本作为生产过程必不可少的直接投入要素，通过其“内在效应”与“外在效应”来促进经济增长。其中，“内在效应”由舒尔茨“正规或非正规教育”形成的人力资本产生，表现为人力资本投资与积累使投资者自身收益递增，因为人力资本投资与积累提高了他们的知识和技能，使他们具有了更高的劳动生产率；同时，知识、能力提高了经济决策的效率，从而促进了产出的增长。“外在效应”由阿罗的“干中学”形成的人力资本产生，表现为人力资本投资与积累使其他生产要素的收益递增，包括提高人们的平均人力资本存量和物质资本的使用效率。另一方面，按照尼尔森—菲尔普斯(Nelson and Phelps，1966)式作用机制，人力资本不是直接作用于经济增长，而是通过“技术进步”这一中介，间接地对经济增长产生作用。人力资本对经济增长的促进作用体现在两个方面：创新知识(技术)和加速技术的吸收与扩散。其一，人力资本是知识创新的重要源泉，因为任何科学和技术都是由人创造的；同时，知识具有非竞争性特征(Romer，1986)，这意味着知识(技术)对他人、社会有外部“溢出效应”，任何个人生产的新知识都能提高整个社会的生产效率，从而保证收益递增的持续增长。其二，人力资本是技术吸收与扩散的必要条件。在其他条件一定的情况下，人力资本存量越大，技术吸收与扩散的速度就越快，从而使新的更好的物质资本发挥更大的作用，促进产出的增长。总之，卢卡斯式作用机制的实质是：人力资本是作为生产过程的直接投入要素来促进经济增长，并不需要其他要素的配合；而尼尔森—菲尔普斯式作用机制的实质在于：人力资本是通过“技术进步”这一中介，间接地对经济增长产生作用，或者说，人力资本作用的发挥需要物质资本投资尤其是技术投资的配合。

一些经济学家的实证研究可以用来检验上述作用机制。巴罗等(1995)、Mankiw、Romer 和 Weil(1992)的研究支持了卢卡斯式作用机制：巴罗等(1995)基于 1965—1985 年大量国家的样本数据的研究表明，平均教育年限和公共教育支出与经济增长显著正相关；Mankiw、Romer 和 Weil(1992)用劳动年龄人口中接受中等教育人数的比例作为人力资本积累率的替代指标，证明了人力资本的产出弹性大约为 1/3。Benhabib 和 Spiegel(1994)的研究则支持了尼尔森—菲尔普斯式作用机制：整个78个国家的样本数据与26个低收入国家的子样本数据支持人力资本通过技术模仿促进经济增长；26个高收入国家的子样本数据支持了人力资本的技术创新作用；26个中等收入国家的子样本数据对人力资本的技术创新与模仿作用均不支持。正如他们所指出，国家间经济增长差异与其说是由于人力资本积累率的差异，不如说是由于影响一国技术创新和追赶发达国家能力的人力资本存量的差异。Islam(1995)基于面板数据的分析表明，人力资本直接解释产出的作用不明显，相反，人力资本显著地影响全要素生产率。Marta Cristina Nunes SimÕes(2001)利用Barro和Lee(2000)、Fuente和Domnéch(2000)所使用的人力资本数据，对OECD国家人力资本与经济增长的关系进行研究后，也发现人力资本通过尼尔森—菲尔普斯式作用机制(技术模仿)促进经济增长，但卢卡斯式作用机制未得到证实。

然而，一方面，上述研究主要基于国别数据，受各国不同情况所致，数据质量会影响到研究结论(Temple, 1999; Engelbrecht, 2001)。相反，使用一国数据做相关研究可以丰富和发展已有文献；另一方面，国内学者主要关注人力资本对经济增长贡献的大小(周天勇，1994；李坤望，1998；沈利生、朱运法，1999；侯亚非，2000；王小鲁，2000；王金营，2001；魏立萍，2005)，涉及作用机制的研究不多，且大都以描述性说明为主(如姜进章、文祥，1999；杨明洪，2001)，少有实证研究。基于这种研究现状，以及对本研究的一个关键假定：人力资本主要通过技术进步这一中介间接地促进经济增长进行检验的需要，下面我们将利用中国各省的相关数据就人力资本对经济增长的作用机制进行实证研究。

1. 模型的设定

基于Benhabib和Spiegel(1994)、Marta Cristina Nunes SimÕes(2001)的研究，我们采用以下两个模型来检验人力资本的作用机制：

模型1：卢卡斯式作用机制检验

将人力资本视为最终产品生产的直接投入要素，则生产函数可设为：

$$Y_{it} = A_{it} K_{it}^{\alpha} L_{it}^{\beta} H_{it}^{\gamma} \tag{4.18}$$

其中，A_{it}表示第i省在t时的技术水平；Y_{it}、K_{it}、L_{it}、H_{it}分别表示第i省在t时

的总产出、物质资本存量、劳动力投入、人力资本投入；α、β、γ 分别表示物质资本、劳动力、人力资本的产出弹性(以下与此同)。对式(4.18)两边取对数差分，得到：

$$\ln(Y_{it}/Y_{it-1}) = \ln(A_{it}/A_{it-1}) + \alpha\ln(K_{it}/K_{it-1}) + \beta\ln(L_{it}/L_{it-1}) + \gamma\ln(H_{it}/H_{it-1}) + \varepsilon_{it} \tag{4.19}$$

模型 2：尼尔森—菲尔普斯式作用机制检验

把人力资本视为技术创新或模仿的源泉，则生产函数可设为：

$$Y_{it} = A_{it}(H_{it})K_{it}^{\alpha}L_{it}^{\beta} \tag{4.20}$$

其中，技术A_{it}被内生地给定：

$$(A_{it} - A_{it-1})/A_{it-1} = \delta H_{it-1} + \mu H_{it-1}(A_{t-1}^{*} - A_{it-1})/A_{it-1} \tag{4.21}$$

这里，δ 为技术创新参数；μ 为技术模仿参数；A^{*} 是技术边界，即最发达省份的技术水平。

将式(4.20)两边取对数差分，并将式(4.21)代入①，得到：

$$\ln(Y_{it}/Y_{it-1}) = \alpha_0 + (\delta - \mu)H_{it-1} + \mu H_{it-1}(y_{t-1}^{*}/y_{it-1}) + \alpha\ln(K_{it}/K_{it-1}) + \beta\ln(L_{it}/L_{it-1}) + \varepsilon_{it} \tag{4.22}$$

其中，y 是人均产出；y^{*} 代表最发达省份的人均产出。式(4.22)右边第二项捕捉到人力资本的技术创新作用，第三项捕捉到其技术模仿作用。值得注意的是，这里的人力资本不是作为最终产品生产的投入要素而是作为技术创新或模仿的源泉进入增长回归方程。

2. 指标与数据来源

真实国内生产总值(GDP)、物质资本存量(K)1978—2003 年的数据来源于 Fleisher、Li 和 Zhao(2006)，2004、2005 年数据则由根据《中国统计年鉴》(2005、2006)相关数据，采用他们的方法补充得到。劳动力投入(L)采用各省(区)市从业人员数，其 1978—2003 年的数据来源于 Fleisher、Li 和 Zhao(2006)，2004、2005

① 此处用到：$\ln(A_{it}) - \ln(A_{it} - 1) \approx (A_{it} - A_{it-1})/A_{it-1}$，并用人均产出衡量技术差距。

年数据取自《中国统计年鉴》(2005、2006);模型2中的人均产出(y)采用真实GDP除以从业人员数得到;最发达省份的人均产出(y^*)以上海市的数值代表。“人力资本”采用各省(区)市的人均教育年限替代①,其中1987—2000年数据来自陈钊等(2004),2001—2004年数据系根据《中国统计年鉴》(2002—2005)相关数据计算得到。

3. 结果分析

首先,我们对模型1中的式(4.19)进行估计,以检验卢卡斯式作用机制。由于相关检验(F检验或卡方检验)拒绝了不存在固定效应的原假设,我们采用Panel-Data的固定效应模型对式(4.19)进行估计,估计结果见表4.6。第(1)列是采用最小二乘法(OLS)进行估计的结果。另外,考虑到异方差与自相关对估计结果有效性的影响,我们利用似然比检验(LR-test)对回归方程的异方差与自相关进行了诊断,结果表明确实存在异方差和自相关问题。因此,我们采用广义最小二乘法(FGLS)对异方差和一阶自相关进行纠正,估计结果见第(6)列②。从中我们可以发现,劳动力的回归系数虽然为正,但较小且不显著;人力资本的系数既为负又不显著,表明人力资本的卢卡斯式作用机制没有得到支持。物质资本的回归系数为正,且在5%的显著性水平上统计显著,表明它是中国经济增长的重要推动因素,但其数值太小以致与相关理论或已有的许多实证结果不符,为此,我们沿袭krueger和Lindahl(2001)、姚益龙(2003)等的做法,事先给物质资本赋一个公认的系数,然后再对模型进行估计。根据已有的研究成果,同时考虑到对模型估计结果的稳健性进行检验的需要,我们确定了多个物质资本的系数:1/3(Mankiw et al., 1992; Hall and Jones, 1999;李坤望、黄玖立,2006;李静等,2006)、0.35(Barry and Susan, 2003;姚益龙2003)、0.4(World Bank, 1997;沈坤荣,1999; Young, 2000; Chow, 2002;邓翔,2003;彭国华,2005;梁红、易峘,2005;胡鞍钢、王亚华,

① 各教育水平的受教育年限分设为:文盲0年,小学6年,初中9年,高中12年,大学(及以上)16年。由于人力资本数据始于1987年,因此我们将分析时段确定为1987—2005年。

② 尽管OLS和FGLS的估计结果较为相似,但鉴于异方差与自相关会影响到估计结果的有效性,因此本研究的主要结论都基于FGLS的估计结果作出。

表 4.6　卢卡斯式作用机制检验——被解释变量：$\ln(Y_{it}/Y_{it-1})$

	OLS					FGLS(纠正了异方差和一阶自相关)				
	(1)	(2)	(3)	(4)	(5)	(6)	(7)	(8)	(9)	(10)
Const.	0.093*** (31.35)	0.061*** (29.79)	0.059*** (28.40)	0.054*** (24.42)	0.042*** (17.31)	0.097*** (9.68)	0.050*** (3.23)	0.048*** (3.00)	0.041** (2.39)	0.027 (1.39)
$\ln(K_{it}/K_{it-1})$	0.050** (2.35)	1/3	0.35	0.4	0.5	0.022** (1.99)	1/3	0.35	0.4	0.5
$\ln(L_{it}/L_{it-1})$	0.054 (0.98)	−0.020 (−0.31)	−0.024 (−0.37)	−0.037 (−0.55)	−0.063 (−0.83)	0.041 (1.29)	0.026 (0.46)	0.023 (0.39)	0.012 (0.20)	−0.015 (−0.20)
$\ln(H_{it}/H_{it-1})$	−0.043 (−1.19)	−0.045 (−1.06)	−0.045 (−1.04)	−0.046 (−1.00)	−0.046 (−0.91)	−0.006 (−0.34)	−0.012 (−0.37)	−0.013 (−0.41)	−0.019 (−0.53)	−0.028 (−0.70)
省虚拟变量	Yes	Yes	Yes	Yes	Yes	Yes	Yes	Yes	Yes	Yes
R^2	0.018	0.003	0.003	0.003	0.003	—	—	—	—	—
Obs.	504	504	504	504	504	504	504	504	504	504

注：(1)—(5)列括号中为 t 统计值；(6)—(10)列括号中为 z 统计值。***、** 分别代表 1%、5%的显著性水平。资本的弹性系数为 0.6、0.687 时，估计结果与此相似。

表4.7　尼尔森—菲尔普斯式作用机制检验——被解释变量：$\ln(Y_{it}/Y_{it-1})$

	OLS					FGLS(纠正了异方差和一阶自相关)				
	(1)	(2)	(3)	(4)	(5)	(6)	(7)	(8)	(9)	(10)
Const.	0.014 (0.79)	−0.048*** (−2.59)	−0.052*** (−2.76)	−0.064*** (−3.23)	−0.088*** (−3.99)	0.018 (0.69)	−0.083** (−2.42)	−0.088** (−2.53)	−0.102*** (−2.83)	−0.128*** (−3.28)
$\ln(K_{it}/K_{it-1})$	0.075*** (3.54)	1/3	0.35	0.4	0.5	0.026** (2.33)	1/3	0.35	0.4	0.5
$\ln(L_{it}/L_{it-1})$	0.071 (1.30)	0.022 (0.35)	0.019 (0.30)	0.009 (0.14)	−0.010 (−0.13)	0.049 (1.47)	0.056 (0.99)	0.055 (0.95)	0.052 (0.82)	0.041 (0.57)
H_{it-1}	0.011*** (3.52)	0.015*** (4.21)	0.015*** (4.21)	0.016*** (4.21)	0.017*** (4.15)	0.008*** (2.76)	0.014*** (3.67)	0.014*** (3.70)	0.015*** (3.74)	0.016*** (3.73)
$H_{it-1}(y^*_{t-1}/y_{it-1})$	0.000 04 (0.13)	0.000 27 (0.72)	0.000 28 (0.75)	0.000 33 (0.83)	0.000 42 (0.94)	0.000 18 (0.60)	0.000 32 (0.86)	0.000 33 (0.88)	0.000 37 (0.94)	0.000 46 (1.08)
省虚拟变量	Yes	Yes	Yes	Yes	Yes	Yes	Yes	Yes	Yes	Yes
R^2	0.072	0.100	0.101	0.104	0.106	—	—	—	—	—
Obs.	504	504	504	504	504	504	504	504	504	504

注：(1)—(5)列括号中为t统计值；(6)—(10)列括号中为z统计值。***、**分别代表1%、5%的显著性水平。资本的弹性系数为0.6、0.687时，估计结果与此相似。

2005)、0.5(Hu and Khan, 1996; Wang and Yao, 2003;沈坤荣,1999;王小鲁,2000; OECD, 2005;胡鞍钢、王亚华,2005),估计结果分见第(7)、(8)、(9)、(10)列。总体上,估计结果相当稳健:劳动力的回归系数虽然在大部分模型中为正,但不显著;人力资本的系数始终是负的,且不显著,这表明其卢卡斯式作用机制没有得到支持,该结论与Benhabib和Spiegel(1994)、Papageorgiou(1999)、Marta Cristina Nunes SimÕes(2001)的研究相同。一种可能的解释是:人力资本主要通过技术进步间接地促进经济增长,因此,其一,人力资本对产出的直接作用不明显①。其二,将人力资本简单地视为直接投入要素不能准确地刻画生产过程(Nelson and Phelps, 1966)。这意味着考虑人力资本技术生产作用的检验模型会更优(Benhabib and Spiegel, 1994; Papageorgiou, 1999),为此,我通过估计模型2中的式(4.22),对人力资本的尼尔森—菲尔普斯式作用机制,即人力资本通过技术进步间接地促进经济增长的作用机制进行了检验,结果见表4.7。

从表4.7可以看出,所有模型中H_{it-1}的系数均显著为正,$H_{it-1}(y^*_{t-1}/y_{it-1})$的系数虽然为正,但不显著且趋近于零,表明人力资本是通过技术创新而不是技术模仿促进经济增长,这就支持了尼尔森—菲尔普斯式作用机制。正如Benhabib和Spiegel(1994)、Islam(1995)所指出,人力资本主要不是作为总产出函数的一般投入要素,而是通过影响TFP促进经济增长。总之,具有极强稳健性的估计结果表明人力资本的尼尔森—菲尔普斯式作用机制得到了证实,它通过技术创新作用于经济增长,这与Benhabib和Spiegel(1994)对高收入国家以及Engelbrecht(2001)、Papageorgiou(1999)的研究结论一致。但本书的研究没有支持人力资本的技术模仿作用,一种可能的解释是:中国存在严重的地方市场分割现象②,这无形中减弱了发达省份对落后省份的技术溢出,表现为地区间的技术扩散对地区生产率增长的拉动作用并不明显,以至于对中国大部分地区而言,并不存在技术上的"后发优势"(窦丽琛、李国平,2004)。相反,技术创新对地区经济发展水平具有较强的解

① Hall和Jones(1999), Klenow和Rodriguez(1997), Easterly和Levine(2001), Barry和Susan(2003),徐现祥、舒元(2004),李坤望、黄玖立(2006)等的研究就显示人力资本对经济增长的直接贡献较小。

② 1987—1997年期间,中国省际间市场一体化水平已经低于欧盟国家之间的一体化水平(Poncet, Sandra, 2002)。

释力(朱勇、张宗益,2005)。在这种背景下,人力资本对技术创新的作用得到凸显。

我们对人力资本作用机制的检验结果表明,人力资本主要通过卢卡斯式作用机制即主要通过技术进步这一中介间接地促进经济增长,因此,人力资本不应被简单地视为生产过程的直接投入要素,而应被视为科技进步的源泉,技术扩散的必要条件,这一点将在下面全要素生产率的决定因素的研究中得到进一步证实。

4.3.2 全要素生产率的决定因素

1. 模型的设定

全要素生产率是一个尚待打开的"黑箱",对其进行分析和解释是我们获取对经济增长更为深入的认识的重要途径(索洛,1994)。理论上,人力资本对经济增长具有至关重要的作用(Schultz, 1961; Romer, 1986; Lucas, 1988),我们的实证研究也表明,人力资本主要通过技术进步来促进经济增长,因此人力资本无疑是全要素生产率进而经济增长的重要决定因素。事实上,科技进步与人力资本之间具有天然的密切联系。科技进步离不开人力资本,这不仅表现在人力资本是科技进步的源泉,而且还体现在人力资本是技术扩散的必要条件。尼尔森和菲尔普斯(Nelson and Phelps, 1966)的研究表明,新技术扩散的范围和速度与一个国家的人力资本存量具有密切关系。在其他条件一定的情况下,人力资本存量越大,质量越高,技术扩散的范围就越广,扩散的速度就越快。因此,一国或地区的人力资本水平的提高会提高该国或该地区的技术进步水平。

尽管本书旨在集中研究人力资本对全要素生产率,进而对要素边际生产率、要素积累和地区差异的影响,但在模型的构建上还必须考虑其他影响技术进步的因素,否则会因为遗漏了重要变量而导致估计量产生偏误(伍德里奇,2003)。本研究考虑的其他控制变量包括:外商直接投资(FDI)、基础设施状况、市场化程度,以及城市化进程。

外商直接投资(FDI)的引进不仅有助于一国或地区的资本积累,而且会通过其

"外溢效应"给该国或地区带来先进的技术与管理经验等无形资产[①],正因如此,FDI日益被世界各国尤其是发展中国家视为获取国外先进技术的重要渠道。改革开放以来,FDI的大量涌入对推动中国经济增长发挥了极其重要的作用[②],而其作用得以发挥的重要途径之一就是从一定程度上促进了中国技术水平的提高(姚洋,1998;沈坤荣,1999;陈国宏等,2000;王志鹏,2001;江小涓,2002;胡祖六,2004;李小平、朱钟棣,2004;冼国明、严兵,2005; Hu et al.,2005;王红领等,2006;李平、刘建,2006)。

从Aschauer(1989)的研究开始,基础设施与经济增长和生产率之间的关系就成为了学者关注的焦点,如Sturm等(1998)等。基础设施投资通过方便市场交易、存在于企业或行业间的外部性来提高生产过程中投入要素的生产效率,从而促进经济的长期增长(Jimenez, 1995)。基础设施越好的地区,企业越易吸收新技术从而加速技术进步和经济增长(Démurger, 2001)。自20世纪80年代以来,中国的基础设施投资逐步增加,基础设施状况不断改善,这会通过降低交易费用和方便技术外溢来提高全要素生产率(Aschauer, 1995)。

中国经济转型过程中市场化进程的持续推进也会影响到全要素生产率。一方面,市场化进程的推进使市场在资源配置中的基础性作用日益增强,这会提高生产要素的配置效率和使用效率以至整个经济活动的效率,从而影响到全要素生产率的表现;另一方面,随着市场化进程的加快,经济激励会随之增强,技术创新主体以及技术进步方式也会随之发生根本性的改变。面对来自国内外的竞争压力,企业不得不提高技术创新能力,使自己成为技术创新的主体,同时企业又能从逐步完善的市场体系中获取更多的技术引进机会。

关于城市与区域经济增长的研究表明,城市不仅对人力资本尤其是高质量人力资本具有极强的集聚作用,而且其环境更能激发人力资本的创造力[③],因此,城市作为"创造力与创新"的"孵化器",对区域经济增长具有重要的推动作用(Park and Mclenzie, 1925; Jacobs, 1961; Lucas, 1988; Lee et al., 2002)。有鉴如此,我们认

① 有关FDI"外溢效应"的详细研究请参阅Chen(1996)、Blomström和Kokko(1998)、何洁(2000)、Gorg和Strobl(2001)。
② 中国FDI流入量从1993年开始就位居发展中国家第一,并在2002年首次超过美国成为世界第一。
③ 城市具有信息交流快捷、人力资本密集从而其外部性强等优势,因而更能激发人力资本的创造力。

为中国城市化进程的大力推进会对全要素生产率的提高起到积极的促进作用。

根据以上分析，我们构建出如下 TFP 决定因素分析模型：

$$\ln TFP_{it} = \alpha_i + \alpha_1 \ln H_{it} + \alpha_2 \ln FDI_{it} + \alpha_3 ROAD_{it} + \alpha_4 MKT_{it} + \alpha_5 URB_{it} + u_{it} \tag{4.23}$$

其中，H_{it}代表各省的人力资本水平，采用人均受教育年限来反映；FDI_{it}是各省的外商直接投资与劳动力投入的比值(元/人)，用来反映经济开放程度；$ROAD_{it}$为各省的公路密度(公里/平方公里)，用来表示基础设施水平；MKT_{it}是各省非公有企业劳动力占总人口的比重，用来反映市场化进程；URB_{it}代表城市化程度，用非农业人口占总人口的比重来替代。我们对各相关变量的符号做出如下预期：

$$\alpha_1 > 0,\ \alpha_2 > 0,\ \alpha_3 > 0,\ \alpha_4 > 0,\ \alpha_5 > 0$$

2. 数据的处理与来源

GDP、物质资本、FDI、总人口、劳动力、公路密度、市场化进程 1978—2003 年数据来自 Fleisher、Li 和 Zhao(2006)，2004、2005 年数据系根据《中国统计年鉴》(2005、2006)相关数据，采用他们的方法补充得到。

TFP 的对数值系根据 4.2.1 节中生产函数的估计结果，采用以下式子求得：

$$\ln TFP_{it} = \ln Y_{it} - \alpha \ln K_{it} - \beta \ln L_{it} \tag{4.24}$$

$$\ln TFP_{it} = \ln Y_{it} - \alpha \ln K_{it} - (1-\alpha) \ln L_{it} \tag{4.25}$$

人力资本 1987—2000 年数据来自陈钊等(2004)，2001—2004 年数据根据《中国统计年鉴》(2002—2005)相关数据计算得到。

非农业人口 1978—1998、1999—2004 年数据分别取自《新中国五十年统计资料汇编》和《中国人口统计年鉴》(2000—2005)。

3. 结果分析

表 4.8 给出了对 TFP 决定因素分析模型式(4.23)的回归结果①。由于相关

① 我们也使用其他一些学者的研究成果：$\alpha=0.6$，$\beta=0.4$；$\alpha=0.4$，$\beta=0.6$；$\alpha=0.5$，$\beta=0.5$；$\alpha=1/3$，$\beta=2/3$ 计算 TFP，得到的估计结果与表 4.8 相似。

检验(F检验或卡方检验)拒绝了不存在固定效应的原假设,我们采用Panel-Data的固定效应模型进行估计。同时为了消除FDI的内生性(TFP越高的地区,其投资回报可能也越高,因而能吸引到更多的FDI),我们使用以下两种方法:一是回归方程中使用滞后两阶的FDI变量(Fleisher, Li and Zhao, 2006)。二是以滞后一阶的FDI作为FDI的工具变量(Alfaro etc.,2004),运用工具变量法估计方程。

表4.8 TFP决定因素分析模型回归结果(1987—2004)

被解释变量 $\ln TFP_{it}$	OLS		IV-FE		FGLS(纠正了异方差和一阶自相关)	
	(1)	规模报酬不变(2)	(3)	规模报酬不变(4)	(5)	规模报酬不变(6)
Const.	−3.026*** (−24.53)	0.480*** (3.59)	−2.888*** (−19.37)	0.339** (2.29)	−2.646*** (−21.33)	0.577*** (4.68)
$\ln H_{it}$	0.383*** (5.63)	0.387*** (5.72)	0.294*** (3.53)	0.298*** (3.60)	0.293*** (5.24)	0.299*** (5.37)
$\ln FDI_{it}$	—	—	0.006* (1.68)	0.006* (1.69)	—	—
$\ln FDI_{it-2}$	0.008*** (4.44)	0.008*** (4.42)	—	—	0.005*** (3.67)	0.006*** (3.03)
$ROAD_{it}$	0.305*** (4.75)	0.291*** (4.56)	0.302*** (4.19)	0.288*** (4.01)	0.215*** (3.12)	0.205*** (3.01)
MKT_{it}	0.834* (1.95)	0.853** (2.01)	0.789* (1.68)	0.801* (1.71)	2.971*** (4.86)	2.942*** (4.86)
URB_{it}	1.353*** (7.67)	1.366*** (7.78)	1.517*** (7.82)	1.533*** (7.94)	0.974*** (6.20)	0.990*** (6.36)
省虚拟变量	Yes	Yes	Yes	Yes	Yes	Yes
R^2	0.8666	0.8590	0.5729	0.5748	—	—
Obs.	448	448	475	475	448	448

注:被解释变量ln(TFP)系根据生产函数的FGLS估计结果计算得到。(1)、(2)列括号中数值为t检验值,(3)—(6)列括号中数值是z检验值。**、***分别代表5%、1%的显著性水平。由于只有1987—2004年的FDI数据,TFP模型的分析时段确定为1987—2004年。

第(1)、(2)列是采用 OLS 估计的结果。第(3)、(4)列为采用工具变量法估计的结果。利用似然比检验(LR-test)对回归方程的异方差与自相关进行诊断,结果表明存在异方差和自相关问题。因此,我们采用广义最小二乘法(FGLS)对异方差和一阶自相关进行纠正,回归结果见第(5)、(6)列。由表 4.8 可知,不同方法的回归结果较为相似,这表明本研究的估计结果是稳健的,但考虑到异方差和自相关对估计结果有效性的影响,我们将基于 TFP 决定因素分析模型的 FGLS 估计结果进行相关分析。

由表 4.8 中的 FGLS 估计结果可知,各解释变量对 TFP 均产生显著的正影响,这与我们的理论预期一致。具体来说,人力资本对全要素生产率具有显著的促进作用,这既进一步支持了本研究人力资本作用机制检验的结论:人力资本主要通过技术进步这一中介间接地促进经济增长,又和其他学者如 Fleisher 和 Chen (1997), Stephen 和 Mukti(2000),李小平、朱钟棣(2004), Fleisher、Li 和 Zhao (2006)的研究一致。FDI 对全要素生产率的影响虽然为正,但影响较小,这与李小平、朱钟棣(2004)的结论相似。基础设施、市场化进程也显著地促进了全要素生产率的提高。陈瑜、樊纲(2004)、Fleisher、Li 和 Zhao(2006)的研究也证实了基础设施与市场化进程对全要素生产率的重要促进作用。正如我们的预期,城市化程度的回归系数显著为正,表明在中国大力推进城市化的进程中,城市作为"创造力与创新"的"孵化器",对中国技术进步也起着重要的推动作用。这一点也为颜鹏飞、王兵(2004)所证实。

根据表 4.8 中 TFP 决定因素分析模型的 FGLS 估计结果,可以分析各因素是否对 TFP 具有显著的促进作用,以及各因素对 TFP 的边际影响,以此为基础,我们计算了 1987—2004 年各因素对 TFP 的年均贡献率(见表 4.9),以分析各因素对全要素生产率进而对地区差异贡献的相对重要性①。

① 因为本书的研究支持了各因素—全要素生产率—要素边际生产率—要素积累—经济增长这一作用于地区差异的机制。

表 4.9　各因素对 TFP 的年均贡献率

变　量	地区	1987 年	2004 年	年均变化率 1987—2004 年	对 TFP 的年均贡献率 1987—2004 年
人力资本	东部	6.29	8.62	0.018 7	0.561 0
	中部	6.24	8.20	0.016 2	0.487 3
	西部	5.60	7.59	0.018 0	0.540 1
	全国	6.03	8.13	0.017 8	0.532 5
外商直接投资/劳动力（元/人）	东部	24.02	1 262.50	0.262 5	0.131 2
	中部	0.98	194.02	0.365 0	0.182 5
	西部	4.22	57.44	0.166 0	0.083 0
	全国	10.92	570.67	0.262 0	0.131 0
公路里程数/面积（公里/平方公里）	东部	0.27	0.52	0.014 4	0.288 3
	中部	0.18	0.34	0.009 2	0.183 0
	西部	0.07	0.13	0.003 6	0.071 7
	全国	0.11	0.22	0.006 1	0.121 4
非公有企业劳动力占总人口比重	东部	0.001 6	0.040 3	0.002 3	0.660 8
	中部	0.000 1	0.017 9	0.001 0	0.303 1
	西部	0.000 1	0.015 0	0.000 9	0.253 6
	全国	0.000 7	0.025 6	0.001 5	0.425 5
非农业人口占总人口比重	东部	0.22	0.38	0.009 1	0.910 0
	中部	0.21	0.28	0.003 9	0.390 9
	西部	0.15	0.23	0.004 6	0.462 1
	全国	0.20	0.30	0.006 1	0.609 6

注：人力资本与人均 FDI 增长率的计算采用几何平均法；其他变量的年均变化率 $=\frac{1}{N}\sum_{i=1}^{N}(value_{t+1+i}-value_{t+i})$。

首先，我们分别考察各因素对 TFP 的年均贡献率情况。根据回归结果，人力资本增加一个百分点，TFP 将增加约 0.3 个百分点。表 4.8 表明，全国人均教育年限由 1987 年的 6.03 年增加到了 2004 年的 8.13 年，年均增长约 1.78%，这意味着人力资本能够解释 TFP 年增长的 0.53%。从各地区的情况来看，1987 年东部地区人均教育年限为 6.29 年，西部地区是 5.60 年，二者相差不大。至 2004 年，东部地区人均教育年限达到 8.62 年，比西部地区的 7.59 年高 1.03 年。1987—2004 年，东部地区的人力资本水平最高，中部地区次之，西部地区最低。而且东部地区的人力资本增长最快，其对 TFP 的年均贡献率也最大，为 0.56%，高于中西部地区的 0.49%和 0.54%。由此可知，人力资本投资的差距对地区差异有重要影响。这正如许多学者所强调：人力资本在解释国际间或地区间的生产率差异和不平等方面发挥着重要的作用(Becher, 1964; Schultz, 1981)。

FDI 对 TFP 有显著的正影响，但回归系数较小。1987—2004 年，全国人均 FDI 年均增长 26.2%，对 TFP 的年均贡献为 0.13%。东中部地区人均 FDI 的差距在缩小，而它们与西部地区间的差距在拉大。1987 年，东部地区的人均 FDI 是中部地区的 24.6 倍，至 2004 年缩小为 6.5 倍。而东中部地区人均 FDI 与西部地区人均 FDI 的差距分别由 1987 年的 5.7 倍、0.2 倍扩大到 2004 年的 22 倍、3.4 倍，这使得东中部地区 FDI 对 TFP 的年均贡献率要比西部地区的大得多。

公路密度增加 1%，TFP 将增加 0.2%。1987—2004 年，用公路密度度量的基础设施水平的改善对全国 TFP 的年均贡献率是 0.12%。2004 年，东部地区的公路密度为 0.52，中部地区的为 0.34，分别是西部地区(0.13)的 4 倍、2.6 倍。公路密度的地区差异使其对 TFP 的贡献率存在较大的地区差异。1987—2004 年，东部地区公路密度对 TFP 的年均贡献率最高，中部地区次之，而西部地区的只有东部地区的四分之一，中部地区的二分之一。

市场化进程对 TFP 也有显著的正影响。非公有部门劳动力占总人口的比重增加一个百分点，TFP 会增加 2.9%。1987 年，全国非公有部门劳动力占总人口的比重仅为 0.07%，至 2004 年达到 2.56%，是 1987 年的 37 倍。各地区的市场化水平也不断提高，但存在较大的地区差异。2004 年东部地区非公有部门劳动力占总人口的比重是 4.03%，而中西部地区分别只有 1.79%、1.50%。从市场化进程对 TFP 的年均贡献率来看，整个样本期内，全国的贡献率为 0.43%，东部地区达 0.66%，而西部地区为 0.25%，中部地区也只有 0.30%。

我们还发现城市化水平对 TFP 有重要的推动作用。非农业人口占总人口的比重增加1%将伴随约一个百分点的TFP的增长。1987—2004年,全国非农业人口占总人口的比重年均增长约0.61个百分点,这对TFP的年均贡献率也约为0.61个百分点。表4.9表明,1987年各地区间城市化程度差异较小,至2004年差异有所扩大。1987—2004年,东部地区城市化水平年均提高0.91%,这远大于中西部地区,因此,东部地区城市化水平对TFP的年均贡献率最大。

其次,从地区间和地区内部各因素对TFP的年均贡献率来看,一方面,东部地区各因素的贡献率基本上都高于中西部地区,这正是东部地区发展更快的重要原因。另一方面,与Fleisher、Li和Zhao(2006)的研究结论相似,中部和西部地区人力资本对TFP的年均贡献率远远高于其他因素,而东部地区人力资本对TFP的年均贡献率尽管低于市场化进程和城市化程度,但仍然非常重要。因此,加强人力资本投资尤其是中西部地区的人力资本投资,是提高中西部地区的全要素生产率,从而其要素边际生产率,吸引更多生产要素流向中西部地区,进而缩小其与发达地区差异的关键。更为重要的是,这种缩小地区差异的方式能够同时兼顾到效率与公平。其政策含义十分明显,那就是在"西部大开发"战略实施过程中,加强人力资本投资应成为重点。

4.4 本章小结

增长核算与方差分解结果显示,中国经济增长主要由资本积累的增长推动,其次是全要素生产率的增长,而且资本积累和全要素生产率都是解释地区差异的最为重要的直接因素。因此,在中国现阶段不能片面强调资本积累或技术进步的重要性,否则将不利于中国经济的持续增长和地区差异的缩小。事实上,技术进步和资本积累之间存在着有机联系:全要素生产率的提高通过提升和维持资本的边际生产率来促进资本积累,表现为全要素生产率的提高对资本积累具有极为重要的引致作用。同时,全要素生产率的提高也会提高劳动的边际生产率而促进劳动的积累，而人力资本则是推动全要素生产率的重要因素，因此，人力资本—全要素生产率—要素边际生产率—要素积累—经济增长是分析中国地区差异的合理分析框架。基于生产函数的估计，对东中西三大地区的资本边际生产率、全要素生产率、劳动边际生产率与地区差异的实证结果表明，全要素生产率是延缓资本边际生产率下降并使其维持在较高水平的关键因素，而东部地区相对于中西部地区更高的资本边际生产率和劳动边际生产率则使东部地区得以获得更高的要素积累从而更快的经济增长速度。通过对人力资本作用机制的检验和全要素生产率决定因素的研究，人力资本主要通过卢卡斯式作用机制（技术创新）促进经济增长，它对全要素生产率具有重要的促进作用，而且相对于 FDI、基础设施、市场化进程、城市化程度而言，中部和西部地区人力资本对 TFP 的年均贡献率更高，而东部地区人力资本对 TFP 的年均贡献率尽管低于市场化进程和城市化程度，但仍然非常重要。因此，加强人力资本投资尤其是中西部地区的人力资本投资，是提高中西部地区的全要素生产率，从而其要素边际生产率，吸引更多生产要素流向中西部地区，进而缩小其与发达地区差异的关键。更为重要的是，这种缩小地区差异的方式能够同时兼顾到效率与公平。其政策含义十分明显，那就是在“西部大开发”战略实施过程中，加强人力资本投资应成为重点。

第 5 章

中国人力资本投资现状分析

本书第 4 章的研究表明，人力资本是促进全要素生产率提高的重要因素，加强中西部地区的人力资本投资对地区差异的缩小具有至关重要的作用。因此，我们有必要对中国的人力资本投资情况进行分析，以了解其现状与不足[①]，这也是我们在人力资本投资方面提出有针对性政策建议的基石。

5.1 中国人力资本投资存在的主要问题

改革开放以来，伴随着经济的持续快速发展，中国对人力资本投资的力度也日益加大，这有力地保证了中国人力资本积累的快速增长，表现为根据多种统计口径的数据计算得到的人均受教育年限明显提高。其中，6 岁及以上人口人均受教育年限从 1978 年的 6.03 年增至 2004 年的 8.13 年；15 岁以上人口人均受教年限 1982 年为 4.61 年，至 2003 年已达到 7.36 年，这既高于世界平均水平（2000 年为 6.66 年）和东亚太平洋地区平均水平（6.71 年），也明显高于发展中国家平均水平（5.13 年）（胡鞍钢、王亚华，2005）；从业人员人均受教育年限也由 1996 年的 7.33年提高到 2004 年的 8.54 年（刘智勇等，2008）。然而，在充分肯定中国在人

① 尽管人力资本投资包括正规学校教育、在职培训、医疗保健、迁移等多种形式，但鉴于相关数据的难以获得，以及本书中人力资本的替代指标为人均受教育年限，本书主要关注通过正规学校教育所形成的人力资本。因此，在本书的分析中，人力资本投资与教育投资被视为等同的概念。

力资本投资方面所取得的巨大成就的同时，我们也要清醒地看到其存在的诸多问题。

5.1.1 人力资本投资的整体水平较低

教育投入不足一直是中国教育发展所面临的严重问题，这主要表现在以下两个方面：

第一，教育经费总量投入不足。从表 5.1 可以看出，中国的教育总投入水平低下。教育经费总量占 GDP 的比重虽然由 1978 年的 2.60%逐步增加到了 2005 年的 4.60%，但 OECD 国家在 1998 年就达到了 5.8%的平均水平，韩国、美国、加拿大等国家则超过了 6%，甚至达到 7%(中国教育与人力资源问题报告课题组，2003)。政府财政性教育投入同样处于较低水平。1989—1995 年间财政性教育经费占 GDP 的比重出现了较大幅度的下降，此后虽有所回升，但也只保持在 2.8%左右的低水平上，这远未达到《中国教育改革和发展纲要》的要求："要逐步提高财政性教育经费支出占 GDP 的比例，在本世纪末达到 4%的目标"，而且比 1995 年世界平均公共教育经费占 GDP 的比重低 2.1 个百分点，也低于 1998 年巴西、马来西亚、泰国等发展中国家 4.63%、4.49%、4.27%的水平。2001 年，中国义务教育总投入中，财政性教育经费只占 63.2%。初中教育经费中，政府预算内教育经费所占比例小于 60%，小学小于 70%。而在 1998 年，OECD 国家初等、中等及中学后教育经费中，财政性教育经费平均比例就已达到了 90.9%(中国教育与人力资源问题报告课题组，2003)。值得注意的是，中国财政性教育经费占财政支出的比重自 1996 年以来出现了持续下降的趋势，这无疑会不利于中国教育投入水平的提高。此外，中国教育投入不足的问题还可从各地屡禁不止的教育乱收费现象得到反映，因为教育乱收费的首要根源就是教育投入严重不足。2003 年中国共查出违规、乱收费 8.53 亿元，清退违规收费 6.39 亿元；处理了 2 488 名有关责任者，其中有 359 名校长被撤职(陈赟，2006)。

表 5.1　1978—2005 年中国教育投入情况

年份	教育总投入（亿元）	教育总投入占 GDP 比重(%)	财政性教育经费(亿元)	财政性教育经费占财政支出比重(%)	财政性教育经费占 GDP 比重(%)
1978	94.23	2.60	94.23	8.39	2.60
1979	113.03	2.80	113.03	8.82	2.80
1980	145.5	3.22	134.89	10.98	2.99
1981	157.65	3.24	132.84	11.67	2.73
1982	175.85	3.32	162.32	13.20	3.07
1983	198.36	3.34	181.67	12.89	3.06
1984	242.72	3.38	215.46	12.67	3.00
1985	306.68	3.42	262.9	13.12	2.93
1986	363.43	3.56	324.45	14.71	3.18
1987	385.11	3.22	346.7	15.33	2.90
1988	443.53	2.97	414.49	16.64	2.78
1989	594.67	3.52	518.14	18.35	3.06
1990	659.38	3.56	563.98	18.29	3.04
1991	731.51	3.38	617.83	18.24	2.86
1992	867.06	3.25	728.75	19.47	2.74
1993	1 059.94	3.00	867.76	18.69	2.46
1994	1 488.78	3.09	1 174.74	20.28	2.44
1995	1 877.95	3.09	1 411.52	20.69	2.32
1996	2 262.34	3.18	1 671.7	21.06	2.35
1997	2 531.73	3.21	1 862.54	20.17	2.36
1998	2 949.06	3.49	2 032.45	18.82	2.41
1999	3 349.04	3.73	2 287.18	17.34	2.55
2000	3 849.08	3.88	2 562.61	16.13	2.58
2001	4 637.66	4.23	3 057.01	16.17	2.79
2002	5 480.03	4.35	3 491.41	15.83	2.90
2003	6 208.27	4.57	3 850.62	15.62	2.84
2004	7 242.60	4.53	4 465.86	15.68	2.79
2005	8 418.84	4.60	5 161.08	15.21	2.82

资料来源：1978—2004 年数据转引自谭永生：《人力资本与经济增长——基于中国数据的实证研究》，中国财政经济出版社 2007 年版，第 218 页；2005 年数据由笔者根据《中国统计年鉴》(2005、2006)相关数据计算得到。

第二，人均教育投资处于较低水平。目前全世界年人均教育经费已接近 500 美元（其中美国人均超过 3 000 美元，日本人均 2 000 美元，韩国人均 1 500 美元），而中国人均教育经费在 2000 年只有 303.7 元，至 2005 年虽然增加到 648 元，但这还不足 100 美元，只相当于世界平均水平的 1/5。另外，从生均经费指数（各级教育生均经费支出占本国当年人均 GDP 的比例）看，OECD 成员国小学、初中生均经费指数分别为 0.20 和 0.23，而中国仅为 0.13 和 0.16（见表 5.2），这既明显低于美国、日本、韩国、马来西亚等国的经费水平，也远低于世界各国义务教育经费相对指数的平均水平（胡瑞文，2007）。即使是政府更为重视的高等教育，其 1998 年的生均教育经费为 6 796 美元，远低于 OECD 国家 11 720 美元的平均水平（叶欣茹，2005）。

表 5.2　若干国家小学、初中生均经费占人均 GDP 比例(2003 年)(%)

国　　家	小学生均经费占人均 GDP 比例	初中生均经费占人均 GDP 比例
美　　国	22	24
英　　国	20	25
法　　国	17	27
德　　国	17	20
日　　本	23	25
澳大利亚	18	24
韩　　国	21	28
泰　　国	17	16
马来西亚	21	32
印　　度	15	15
中国(2005)	13	16

资料来源：转引自胡瑞文，《影响中国教育公平与质量提升的教育经费缺口分析》，《教育发展研究》2007 年第 11 期。

5.1.2　人力资本投资的地区差异较大

在中国教育发展的过程中，一方面教育经费投入严重不足，另一方面教育投资在地区间极不平衡。我们同样可以从各地区的投资总量和生均教育投入两个方面来对此加以考察：

第一，各地区教育投资总量存在一定差异。表5.3中的数据表明，2004年福建省预算内教育经费占财政支出的比重高达24.99%，而青海只有13.68%。至2005年，福建省预算内教育经费占财政支出的比重为24.2%，仍居首位，比位居末位的内蒙古(13.91%)高出10个百分点。从东中西三大地区的情况来看，2004年和2005年，预算内教育经费占财政支出比重最高的十个省份中，东部地区均占了6个，这使得东部地区预算内教育经费占财政支出的平均比重保持在较高的水平上，分别为19.47%、19.14%，高于同时期中部地区的18.03%、17.47%和西部地区的17.53%、17.01%。

表5.3 预算内教育经费占财政支出的比重(%)

地 区	2004年	2005年	地 区	2004年	2005年
北 京	19.05	19.69	湖 北	17.56	16.36
天 津	17.18	17.76	湖 南	17.52	17.41
河 北	21.14	20.83	广 东	21.84	19.62
山 西	18.07	17.84	广 西	20.1	19.27
内蒙古	14.31	13.91	海 南	17.17	18.9
辽 宁	16.84	15.5	重 庆	18.03	17.49
吉 林	15.82	15.15	四 川	17.7	16.48
黑龙江	15.08	15.61	贵 州	18.76	19.03
上 海	14.1	14.24	云 南	20.48	19.61
江 苏	20.16	19.08	西 藏	16.65	15.54
浙 江	22.27	21.75	陕 西	16.52	15.11
安 徽	20.69	19.69	甘 肃	17.8	17.89
福 建	24.99	24.2	青 海	13.68	14.39
江 西	17.73	17	宁 夏	16.89	16.48
山 东	19.47	18.97	新 疆	19.44	18.93
河 南	21.74	20.72	—	—	—

注：各省(区)市数据来源于2005年全国教育经费执行情况统计表。

第二，各地区人均教育投资差异显著。由于各地区教育规模和经济规模不同，单纯通过教育投资总量分析难以准确刻画其地区差异，因此我们接下来从生均教育投入角度对教育投资的地区差异进行考察。我们拟对各级教育的生均教育经费支出进行分析，以期全面把握各地区的教育投资情况。

首先，我们来分析普通小学生均教育经费支出的地区差异。表 5.4 列出了中国分地区地方普通小学生均教育经费支出，从中可以发现，1996—2004 年间，上海的普通小学生均教育经费支出一直最高，贵州在 1996—2000 年间和 2004 年最低，河南则在 2001—2003 年间位居末位。最大值与最小值之比由 1996 年的 8.43 逐步上升到了 2004 年的 11.03[①]，显示出普通小学生均教育经费支出的绝对差异呈波动状上升的趋势。测度相对差异的变异系数也不断增大，表明普通小学生均教育经费支出的省际相对差异呈扩大趋势。由东中西三大地区间普通小学生均教育经费支出的平均值的比值可知，东部地区的普通小学生均教育经费支出明显高于中西部地区，而且这种差距还在扩大，中部地区与西部地区的生均教育经费支出水平则一直较为接近。因此东部地区与中部地区之间的差距和东部地区与西部地区之间的差距也较为相近。

表 5.4　中国分地区地方普通小学生均教育经费支出(元)

	1996 年	1997 年	1998 年	1999 年	2000 年	2001 年	2002 年	2003 年	2004 年
北　京	1 322.60	1 576.81	1 808.49	2 253.39	2 894.93	3 683.93	4 553.12	5 245.24	6 411.28
天　津	915.83	1 076.57	1 139.29	1 357.78	1 645.36	2 098.74	2 465.57	3 062.27	3 621.47
河　北	417.99	443.38	445.23	493.86	559.80	678.10	860.22	1 014.05	1 299.61
山　西	641.50	645.95	608.31	635.54	701.09	871.92	1 025.04	1 029.64	1 202.85
内蒙古	650.19	680.57	715.15	834.85	945.06	1 272.04	1 573.72	1 774.15	2 202.34
辽　宁	636.53	681.16	753.43	861.22	966.51	1 114.77	1 382.57	1 585.24	1 982.51
吉　林	655.97	686.90	713.12	878.38	992.51	1 285.48	1 547.50	1 816.21	2 056.18
黑龙江	568.41	654.75	723.27	875.13	1 079.36	1 396.54	1 735.18	1 789.79	2 080.97
上　海	1 974.01	2 340.43	2 621.16	3 106.81	3 715.22	4 875.97	5 559.40	7 030.12	9 038.51

① 瑞扎·尚柯、沙安文(2006)指出，最大和最小值之比是一种快速、容易理解且政治上有效的衡量地区收入差异的方法。

续表

	1996 年	1997 年	1998 年	1999 年	2000 年	2001 年	2002 年	2003 年	2004 年
江 苏	724.66	786.49	830.66	926.33	1 044.43	1 256.10	1 481.39	1 801.89	2 300.63
浙 江	910.82	1 050.98	1 178.07	1 359.96	1 577.21	2 018.44	2 372.95	2 866.95	3 583.49
安 徽	429.81	464.44	507.59	524.89	534.70	645.27	803.12	865.35	1 081.06
福 建	793.77	806.69	756.92	850.14	1 008.48	1 167.38	1 443.28	1 590.18	1 896.36
江 西	392.79	422.57	460.35	511.94	595.77	769.53	859.76	949.69	1 092.00
山 东	473.84	475.48	525.98	618.01	783.41	1 001.45	1 130.93	1 266.19	1 482.35
河 南	373.02	407.78	400.32	408.82	447.15	536.64	621.41	677.43	853.06
湖 北	435.99	468.85	497.96	516.99	561.60	665.55	774.46	895.91	1 131.37
湖 南	485.18	522.05	541.93	597.63	683.63	813.89	992.03	1 133.09	1 387.39
广 东	953.64	1 044.58	1 095.73	1 208.81	1 331.28	1 489.62	1 798.88	1 928.62	2 115.06
广 西	456.69	474.15	502.74	553.91	611.03	771.49	913.98	970.69	1 117.31
海 南	593.80	621.04	667.40	697.18	754.57	841.83	1 034.56	1 063.66	1 300.34
重 庆	—	514.47	551.61	594.73	698.51	838.16	983.24	1 065.40	1 350.09
四 川	464.42	472.20	507.12	556.14	646.70	832.31	953.91	1 055.86	1 218.38
贵 州	234.14	259.35	296.44	363.38	418.23	545.41	643.04	694.91	819.24
云 南	585.53	656.13	679.73	719.18	819.00	968.56	1 137.83	1 225.41	1 510.01
陕 西	354.90	354.92	379.76	402.27	466.19	659.60	749.36	869.60	1 038.00
甘 肃	365.88	415.26	423.03	503.83	554.73	686.82	811.98	865.15	1 019.03
青 海	609.16	642.50	701.93	797.62	877.10	1 189.31	1 375.27	1 430.26	1 662.60
宁 夏	432.41	493.60	648.50	712.35	755.77	950.76	1 278.45	1 082.28	1 285.53
新 疆	617.00	665.76	756.22	855.11	1 010.57	1 363.76	1 594.33	1 741.17	2 071.77
最大值/最小值	8.43	9.02	8.84	8.55	8.88	9.09	8.95	10.38	11.03
变异系数	0.54	0.59	0.62	0.67	0.71	0.74	0.73	0.81	0.85
东部平均	883.41	991.24	1 074.76	1 248.50	1 480.11	1 838.76	2 189.35	2 586.76	3 184.69
中部平均	497.83	534.16	556.61	618.67	699.48	873.10	1 044.81	1 144.64	1 360.61
西部平均	477.03	511.44	561.06	629.86	710.44	924.01	1103.19	1 170.95	1 394.42
东部/中部	1.77	1.86	1.93	2.02	2.12	2.11	2.1.	2.26	2.34
东部/西部	1.85	1.94	1.92	1.98	2.08	1.99	1.98	2.21	2.28
中部/西部	1.04	1.04	0.99	0.98	0.98	0.94	0.95	0.98	0.98

注:(1)各省(区)市数据来源于《中国教育经费统计年鉴》(1997—2006)。(2)西藏由于某些年份数据缺失,某些年份数据似乎有误(比如 1997 年西藏初级中学生均教育支出达到 25 745.07 元,而其他省份中最高的上海也只有 3 465.56 元)而被舍弃。(3)最大值/最小值、东中西三大地区的平均值以及它们之间的比值由笔者计算得到。

其次,我们来考察一下初级中学生均教育经费支出的地区差异情况(见表5.5)。与普通小学生均教育经费支出情况相似,上海的初级中学生均教育经费支出在1996—2004年间一直位居首位,除河南在2003年位居末位外,其他年份都是贵州的初级中学生均教育经费支出处于最低水平。最大值与最小值之比的变动态势也表明初级中学生均教育经费支出的绝对差异在近几年又呈现出扩大的趋势。变异系数总体上显示上升趋势,同样表明初级中学生均教育经费支出的相对差异在扩大。从东中西三大地区间平均值的比值来看,东部地区初级中学生均教育经费支出与中西部地区的比值除在2001年有所下降外,其他年份均保持上升势头,而中西部地区间平均值的比值则一直保持在接近于1的水平上。这表明中西部地区间的差距较小,而且相对稳定,但它们与东部地区的差距除在2001年有所缓和外,一直呈扩大态势。

表5.5　中国分地区地方初级中学生均教育经费支出(元)

	1996年	1997年	1998年	1999年	2000年	2001年	2002年	2003年	2004年
北　京	2 536.98	2 895.89	3 009.84	3 737.25	4 308.68	4 920.15	5 584.91	6 519.63	7 763.04
天　津	1 614.43	1 661.18	1 889.32	2 079.31	2 293.86	2 535.93	3 087.56	3 318.95	3 727.84
河　北	844.27	866.67	824.02	817.88	849.60	956.94	1 078.26	1 143.51	1 418.97
山　西	1 069.95	1 038.36	929.89	968.49	1 042.67	1 220.19	1 390.36	1 361.47	1 463.20
内蒙古	892.02	973.94	1 026.30	1 081.76	1 132.59	1 330.87	1 667.09	1 725.83	2 073.16
辽　宁	1 047.71	1 149.94	1 235.25	1 486.89	1 526.40	1 555.20	1 767.80	1 903.98	2 450.60
吉　林	975.18	1 066.29	1 176.84	1 400.42	1 470.25	1 666.91	1 896.52	1 942.12	2 198.94
黑龙江	918.53	969.24	916.10	938.43	1 004.39	1 269.26	1 366.53	1 588.29	1 756.02
上　海	2 717.60	3 465.56	3 523.46	4 127.29	4 413.52	5 182.94	6 106.60	7 797.70	9 990.49
江　苏	1 244.27	1 413.83	1 580.61	1 698.43	1 813.60	2 047.82	2 124.67	2 270.58	2 562.52
浙　江	1 400.99	1 547.90	1 834.54	2 101.29	2 359.28	2 823.67	3 168.61	3 955.18	4 917.79
安　徽	688.16	756.00	815.54	803.01	757.09	895.73	1 007.06	1 046.93	1 214.15
福　建	1 282.50	1 268.10	1 165.76	1 248.87	1 366.23	1 499.28	1 879.10	1 875.14	2 068.34
江　西	628.35	655.34	688.36	760.56	815.91	961.37	1 055.99	1 103.99	1 261.98
山　东	917.80	868.49	889.37	989.14	1 056.07	1 210.74	1 363.83	1 586.47	1 910.20

续表

	1996年	1997年	1998年	1999年	2000年	2001年	2002年	2003年	2004年
河　南	858.45	891.22	862.68	799.75	773.76	857.55	879.19	928.60	1 067.23
湖　北	977.94	1 065.53	1 112.89	1 106.37	1 107.91	1 202.02	1 268.17	1 314.44	1 496.72
湖　南	938.65	967.01	917.50	1 017.54	1 016.93	1 081.15	1 222.84	1 297.22	1 536.10
广　东	1 577.87	1 514.09	1 619.71	1 718.30	1 889.53	2 048.97	2 511.99	2 885.77	3 081.76
广　西	781.11	776.76	787.39	807.21	857.95	1 030.52	1 234.47	1 244.69	1 422.49
海　南	1 201.28	1 194.42	1 282.36	1 367.36	1 308.49	1 532.98	1 655.96	1 766.36	1 951.67
重　庆	—	1 010.98	1 136.68	1 110.84	1 077.65	1 173.51	1 395.23	1 529.88	1 864.23
四　川	868.22	904.32	941.71	934.77	954.84	1 118.63	1 216.11	1 279.25	1 498.85
贵　州	488.22	505.64	520.78	566.10	648.37	807.54	873.25	966.95	1 040.07
云　南	1 292.77	1 343.50	1 319.60	1 282.37	1 269.09	1 323.69	1 416.72	1 470.74	1 721.51
陕　西	970.91	839.88	795.96	738.59	769.89	930.51	992.19	1 038.65	1 219.93
甘　肃	692.92	766.88	783.92	860.34	840.90	995.91	1 103.60	1 066.71	1 278.04
青　海	963.07	1 243.15	1 188.28	1 321.85	1 295.17	1 557.19	1 766.88	1 743.94	1 931.53
宁　夏	735.32	753.31	866.44	1 021.25	1 062.75	1 423.01	1 637.96	1 524.91	1 965.79
新　疆	1 115.85	1 174.59	1 197.54	1 192.65	1 394.20	1 740.93	2 126.16	2 174.75	2 189.16
最大值/最小值	5.57	6.85	6.77	7.29	6.81	6.42	6.99	8.40	9.61
变异系数	0.45	0.52	0.53	0.60	0.64	0.64	0.66	0.76	0.82
东部平均	1 489.61	1 622.37	1 714.02	1 942.91	2 107.75	2 392.24	2 757.21	3 183.93	3 803.93
中部平均	881.90	926.12	927.48	974.32	998.61	1 144.27	1 260.83	1 322.88	1 499.29
西部平均	880.04	928.20	942.79	980.69	1 022.58	1 225.88	1 403.44	1 423.64	1 634.05
东部/中部	1.69	1.75	1.85	1.99	2.11	2.09	2.19	2.41	2.54
东部/西部	1.69	1.75	1.82	1.98	2.06	1.95	1.96	2.24	2.33
中部/西部	1.00	1.00	0.98	0.99	0.98	0.93	0.90	0.93	0.92

注：同表5.4。

再次，我们对高级中学生均教育经费支出情况进行分析。表5.6中的最大值与最小值之比在1996年为5.98（上海/贵州），1997年稍有上升后又降至2000年的4.83（上海/甘肃），此后又逐步上升到2004年的6.06（上海/河南），表明高级中学生均教育经费支出省际间的绝对差异在经历一段时期的缩小后，近年来又有所扩大。从变异系数的情况看，1996—2000年间，相对差异变化不大，而近年来则趋于上升。根据中部地区高级中学生均教育经费支出与西部地区的比值判断，1996—2004年间中部地区高级中学生均教育经费支出稍高于西部地区，而东部地区高级中学生均教育经费支出对西部地区的最高比值（均在2以上）则表明东西部地区间的差异最大，不过其发展趋势总体较为平稳。从东部地区高级中学生均教育经费支出与中部地区的比值来看，二者之间的差距在1996—1999年间有所缩小，但1999年以来又逐步扩大，逐渐接近到东西部地区之间的差距水平。

表5.6　中国分地区地方高级中学生均教育经费支出(元)

	1996年	1997年	1998年	1999年	2000年	2001年	2002年	2003年	2004年
北　京	3 494.29	5 170.07	5 704.85	6 211.64	7 324.91	8 577.62	10 799.70	10 401.21	12 512.82
天　津	4 306.71	4 260.42	4 216.24	4 603.73	6 375.85	7 520.22	7 759.15	8 751.95	8 607.96
河　北	1 920.50	2 157.83	2 213.02	2 320.51	2 569.02	2 695.21	2 866.71	2 919.31	3 023.54
山　西	1 816.42	2 004.20	1 849.25	2 253.30	2 475.51	2 844.62	3 172.36	3 210.67	3 509.87
内蒙古	1 491.39	1 586.63	1 749.28	1 987.12	2 397.94	2 705.25	2 923.55	3 197.92	3 403.26
辽　宁	2 008.50	2 340.73	2 680.38	2 939.38	3 465.34	3 655.82	4 325.05	4 369.76	4 327.50
吉　林	2 075.42	2 069.08	2 344.20	3 043.36	3 130.13	3 321.77	3 972.67	3 980.45	3 864.53
黑龙江	1 784.21	2 161.85	2 446.60	2 999.44	2 960.89	3 258.89	3 662.38	3 446.60	3 603.70
上　海	5 030.83	6 427.21	7 932.50	8 810.03	7 743.46	10 169.33	10 787.54	12 743.04	14 582.40
江　苏	3 166.26	3 429.85	3 506.45	3 799.84	4 316.71	4 623.75	5 315.32	5 631.51	5 945.83
浙　江	3 525.16	4 286.08	4 239.13	4 831.80	5 513.47	6 645.33	7 274.78	8 249.36	9 117.96
安　徽	1 618.69	1 828.56	2 036.89	2 260.12	2 372.56	2 586.04	2 884.87	2 918.81	3 074.25
福　建	2 163.49	2 411.49	2 354.91	2 621.13	2 990.37	3 412.40	3 871.49	3 782.35	4 132.95
江　西	1 210.95	1 278.34	1 514.47	1 799.43	2 030.28	2 202.03	2 485.28	2 430.32	2 824.71
山　东	2 055.49	2 287.88	2 487.73	2 614.93	3 129.47	3 204.06	3 554.73	3 695.61	4 092.04
河　南	1 645.83	1 768.13	1 940.42	2 204.04	2 254.21	2 141.83	2 318.22	2 195.58	2 406.55
湖　北	1 922.11	2 115.99	2 585.30	2 621.21	2 744.99	2 833.38	3 076.45	3 049.21	3 102.28
湖　南	1 954.35	2 063.94	2 299.65	2 766.28	2 835.33	3 156.82	3 549.56	3 532.58	3 734.32
广　东	4 881.27	4 835.74	4 194.72	4 256.59	4 807.69	4 888.33	5 853.14	6 309.44	6 978.34
广　西	1 620.39	1 572.12	1 787.25	1 957.45	2 102.48	2 435.70	2 796.12	2 938.86	3 126.88

续表

	1996年	1997年	1998年	1999年	2000年	2001年	2002年	2003年	2004年
海　南	2 613.80	2 214.47	2 604.75	2 942.05	2 773.63	3 157.99	3 732.72	4 236.00	4 291.51
重　庆	—	2 886.85	2 551.69	2 573.43	2 677.74	2 928.07	3 410.55	3 474.58	3 787.17
四　川	2 308.58	2 141.33	2 183.07	2 334.42	2 595.69	3 005.44	3 200.15	3 070.34	3 153.46
贵　州	841.59	985.62	1 253.65	1 491.37	1 620.11	2 210.40	2 160.94	2 298.17	2 526.12
云　南	2 146.24	2 388.39	2 451.09	2 693.34	2 698.09	3 008.32	3 228.70	3 477.86	4 066.86
陕　西	1 223.73	1 347.70	1 430.97	1 537.91	1 680.78	1 880.13	2 000.66	2 270.20	2 411.49
甘　肃	1 165.98	1 220.17	1 425.80	1 437.91	1 602.48	2 312.42	2 408.09	2 381.64	2 545.29
青　海	1 747.55	1 576.36	2 127.89	2 271.93	2 099.34	2 507.72	2 879.01	2 667.88	2 790.05
宁　夏	975.29	1 072.93	1 290.81	1 524.40	1 653.64	2 117.35	2 601.28	3 152.52	3 734.34
新　疆	1 938.46	2 166.00	1 987.64	2 231.95	2 590.33	3 513.27	3 815.50	3 704.45	4 074.04
最大值/最小值	5.98	6.52	6.33	6.13	4.83	5.41	5.40	5.80	6.06
变异系数	0.49	0.53	0.53	0.53	0.51	0.55	0.55	0.60	0.63
东部平均	3 196.94	3 620.16	3 830.43	4 177.42	4 637.27	5 322.73	6 012.76	6 462.69	7 055.71
中部平均	1 753.50	1 911.26	2 127.10	2 493.40	2 600.49	2 793.17	3 140.22	3 095.53	3 265.03
西部平均	1 545.92	1 605.73	1 768.75	1 946.78	2 104.09	2 569.60	2 801.40	2 915.98	3 183.18
东部/中部	1.82	1.89	1.80	1.68	1.78	1.91	1.91	2.09	2.16
东部/西部	2.07	2.25	2.17	2.15	2.20	2.07	2.15	2.22	2.22
中部/西部	1.13	1.19	1.20	1.28	1.24	1.09	1.12	1.06	1.03

注:同表5.4。

最后,我们分析一下普通高等学校生均教育经费支出的地区差异。从表5.7各省(区)市1996—2004年的数据可以看出,贵州的普通高等学校生均教育经费支出一直居最后一位,除上海在1996年位居首位外,其他年份均是北京居于最高水平。除2000、2001年外(由于贵州的普通高等学校生均教育经费支出出现较大幅度的下降所致),最大值与最小值之比稳定在4左右,表明普通高等学校生均教育经费支出省际绝对差异变化不大。此外,变异系数变动幅度较小,说明普通高等学校生均教育经费支出的相对差异比较平稳,三大地区之间平均值的比值的变动幅度也不大,表明各地区之间的差距较为稳定,其中东西部地区间的差距最大,东中部地区间的差距次之,中西部间的差异最小。

表 5.7　中国分地区普通高等学校生均教育经费支出(元)

	1996 年	1997 年	1998 年	1999 年	2000 年	2001 年	2002 年	2003 年	2004 年
北　京	14 590.32	18 034.34	24 775.47	27 438.15	32 292.39	33 567.77	32 103.76	30 822.67	30 633.80
天　津	9 421.15	11 178.57	16 180.63	17 344.45	18 750.26	17 390.95	16 142.44	20 397.92	18 464.55
河　北	7 882.81	7 486.10	9 973.41	11 175.06	11 164.34	12 626.05	11 573.62	11 092.51	10 611.76
山　西	6 925.45	7 160.88	8 399.86	10 670.39	9 918.47	10 982.66	10 793.33	10 833.58	11 039.10
内蒙古	8 062.80	8 448.57	8 994.45	9 733.83	8 845.97	7 828.80	8 527.17	8 051.64	8 927.11
辽　宁	8 823.74	9 461.01	12 824.17	12 636.00	12 383.21	12 383.93	12 595.58	12 391.89	13 654.53
吉　林	7 832.00	9 822.47	11 905.32	15 547.22	14 735.74	14 244.59	14 641.77	12 980.23	13 208.87
黑龙江	8 622.97	9 715.91	12 252.63	15 691.13	13 738.18	17 019.59	14 082.59	13 044.12	15 898.72
上　海	15 620.48	16 715.80	21 329.99	24 988.61	27 395.21	23 141.42	23 191.21	25 508.76	27 676.79
江　苏	10 282.45	10 665.16	16 136.49	17 071.54	16 995.03	14 642.39	14 152.54	15 392.88	15 710.09
浙　江	8 673.88	10 211.33	15 560.73	16 982.78	18 232.11	23 001.29	20 772.13	21 636.91	21 402.98
安　徽	6 079.39	9 873.67	11 711.84	10 708.92	10 818.24	12 163.75	11 317.58	13 043.48	12 932.16
福　建	10 383.55	11 160.78	12 114.50	13 389.57	14 030.31	14 301.48	15 153.90	13 371.38	16 173.73
江　西	5 530.99	6 933.86	7 841.69	8 403.41	9 720.37	9 389.46	9 645.40	9 757.03	10 485.33
山　东	9 315.90	10 679.12	12 438.00	13 554.05	15 442.58	12 718.20	12 187.85	11 304.82	10 815.60
河　南	8 073.61	7 742.94	12 411.74	13 877.53	13 878.35	12 153.18	12 501.66	12 913.15	10 758.34
湖　北	7 327.66	8 861.41	13 413.34	14 153.31	15 304.62	14 798.43	14 161.55	13 703.79	13 777.50
湖　南	8 049.34	10 225.26	11 957.00	13 785.62	12 752.76	13 040.28	12 215.33	10 895.19	10 780.96
广　东	12 085.32	14 021.93	17 790.53	17 325.51	21 501.10	20 386.47	21 994.06	25 019.44	22 648.52
广　西	6 265.88	7 291.69	8 087.43	8 911.18	10 055.14	12 232.15	12 026.04	10 768.86	9 615.64

续表

	1996 年	1997 年	1998 年	1999 年	2000 年	2001 年	2002 年	2003 年	2004 年
海　南	9 338.40	8 992.31	11 902.45	15 127.83	14 027.60	15 874.47	11 642.55	10 477.24	9 732.58
重　庆	—	8 677.81	9 703.54	12 077.77	14 213.13	16 963.68	14 783.01	14 236.01	14 113.70
四　川	8 297.54	9 298.69	12 544.59	12 698.43	14 069.27	11 824.90	12 418.84	10 969.55	10 411.70
贵　州	5 455.34	5 092.04	7 145.47	8 032.00	6 600.18	4 581.90	7 203.07	7 592.37	8 103.17
云　南	9 678.18	10 524.19	11 313.77	12 307.64	13 135.33	13 225.43	11 851.41	11 979.61	12 870.29
陕　西	8 733.77	10 380.98	12 633.72	12 969.26	12 889.56	13 154.17	14 738.23	14 274.19	13 504.61
甘　肃	6 919.82	8 281.03	11 290.53	13 500.80	14 084.86	12 850.61	11 916.48	11 216.23	11 871.89
青　海	8 065.43	9 103.38	10 197.62	9 345.64	8 497.87	8 471.03	9 338.03	8 557.32	10 464.92
宁　夏	6 242.16	7 690.50	7 757.76	10 401.69	14 808.75	14 759.87	13 475.11	12 546.02	12 387.57
新　疆	8 707.86	7 778.99	9 388.34	9 469.01	10 924.01	11 462.64	11 274.41	9 541.07	8 986.68
最大值/最小值	2.86	3.54	3.47	3.42	4.89	7.33	4.46	4.06	3.78
变异系数	0.27	0.28	0.32	0.32	0.37	0.37	0.35	0.40	0.39
东部平均	10 583.45	11 691.50	15 547.85	17 003.05	18 383.10	18 184.95	17 409.97	17 946.95	17 956.81
中部平均	7 305.18	8 792.05	11 236.68	12 854.69	12 608.34	12 973.99	12 419.90	12 146.32	12 360.12
西部平均	7 642.88	8 389.01	9 935.37	10 736.95	11 391.09	11 039.15	11 276.88	10 549.69	10 714.36
东部/中部	1.45	1.33	1.38	1.32	1.46	1.40	1.40	1.48	1.45
东部/西部	1.38	1.39	1.56	1.58	1.61	1.65	1.54	1.70	1.68
中部/西部	0.96	1.05	1.13	1.20	1.11	1.18	1.10	1.15	1.15

注:同表 5.4。

总之,中国教育投资无论在总量上还是在生均教育经费投入上都存在着较大的地区差异。就教育投资总量而言,东部地区总体上要高于中西部地区。各级教育生均教育经费支出的地区差异则呈现如下特点:其一,东部地区各级教育的生均教育经费支出明显高于中西部地区,而且相对而言,东部与西部地区之间的差距最大,而中西部间的差距相对较小。其二,教育层次越低,其生均教育经费支出的省际绝对差异(用最大值与最小值的比值衡量)和相对差异越大。其三,除普通高等学校生均教育经费支出外,其他各级教育生均经费支出的省际绝对差异与相对差异近年来均呈较为明显的扩大趋势。教育投资的上述地区差异格局与各地区的经济发展水平密切相关。东部地区的经济发展水平高,因而有更多的财力用于发展教育,这对主要依赖政府公共财政拨款的初中等教育的发展尤为重要①,因此受政府财力有限所制,中西部地区与东部地区在初中等教育生均经费支出方面表现出更大的差异。

综上分析,中国教育投资总量一直在较低水平徘徊,教育投资的地区差异也呈扩大趋势,那么,政府进一步加大对教育的投入,以及增加对落后地区的教育投资以缩小其地区差异的决策是否合乎理性呢?本章拟通过估算中国人力资本投资的社会收益率来回答这一重要问题。

5.2　中国人力资本投资的社会收益率估算

自人力资本理论诞生并被广泛接受以来,教育作为人力资本形成的重要途径,其支出的投资性质逐步成为共识,因为教育支出作为劳动力再生产的一种支出,能够提高人们在工作和处理事务上的能力,而这些能力的提高将带来国民收入的增长(舒尔茨,1990)。既然教育投资是一种投资行为,那么与物质资本投资相类似,其

① 刘泽、侯风云(2007)的研究就表明,在中国现行教育财政体制下,越是低层次的教育其生均经费与当地经济发展水平和财政能力的关系越密切。

投资主体的投资决策同样取决于对投资活动成本与预期收益的权衡。正因如此，长期以来，作为分析教育投资决策的重要工具，教育收益率的估算一直是学者和政策制定者关注的焦点（Psacharopoulos，1994、2004；Eam，1996；陈晓宇、闵维方，1999；蔡增正，2000）。孙志军（2004）认为对教育的收益率进行估算具有如下重要意义：(1)教育收益率是评价教育生产力的一个有用的指数，它试图回答社会和个体是否应该在教育上投入资源。(2)通过对不同群体、不同教育水平收益率的研究，可以判断教育内部资源分配的合理性，包括男性和女性、农村和城镇、各级各类教育资源分配的合理性问题。(3)在教育上的支出作为一项投资，要求取得相应的收益，而收益的高低能够反映出教育投资对收入分配的作用、劳动力配置效率的高低。

由于教育收益率的估算涉及教育成本与教育收益的核算、计算方法的采用等方面，加之教育投资要比较的是现时成本和未来收益，其研究也就成为了教育经济学研究的一个非常经典的难题。而对教育活动的成本与预期收益进行合理的界定，并采用适当的估算方法则是破解这一难题的关键。理论上，对教育活动的成本尤其是机会成本与收益核算得越全面，收益率的估算就越准确，但在实证分析中，对成本和收益的界定以及估算方法的取舍则通常与数据的可获得性及数据本身的特点密切相关。正因如此，不同学者的估算结果往往存在一定的差异。为了保证估算结果的准确性与可比性，本研究在界定教育投资的收益、成本和估算方法的选择上一方面基于已有学者的研究成果，另一方面则充分考虑数据本身的特点与可获得性。

5.2.1 教育投资收益的界定

按照分析对象的不同，教育的收益可以分为个人收益和社会收益。从已有文献来看，学者在教育的个人收益的理解上分歧较小，一般都将其视为受教育者本人的收入中因教育投资而增加的部分（马扬等，2002；石才良、冯静，2006）。而在教育的社会收益这一问题上则存在较大争论，争论的核心是：个人收益是否要包含在社会收益之中。王善迈（1989）指出，社会收益是指由于国家投资于教育所带来的一定时期内的国民收入增长中可归因于国家教育投资的部分。这里将社会收益界定为国家投资所得,而将个人投资及企业投资引起的收益增长部分剔除掉(侯风云,2007)。王玉昆(1998)也将个人收益从社会收益中剔除掉,他认为教育的社会收益是指受教育者本人不能占有的、为社会其他成员所得到的收益。另一些学者如隗斌贤(1999)、林荣日(2001)、侯风云(2007)等则强调社会收益应该包括个人收益,其中侯风云(2007)在总结已有研究的基础上指出,由于社会包括了个人、家庭、企业和政府在内的全部社会主体,因此社会收益也应包括上述不同主体的利益,即个人利益、家庭利益、企业利益和政府利益。但是在计算社会收益时,这些主体的收益存在很大的重叠性,例如一定时期内的家庭收入包括成员的个人收入,国民收入包括居民的工资收入等。这样在数据使用上可以用国民收入来涵盖。

由于使用的是省际宏观层面的数据,本研究只能对教育投资的社会收益率进行估算,根据蔡增正(2000)、Fleisher和Chen(1997)、Fleisher、Li和Zhao(2006)、侯风云(2007)的研究成果,本研究将教育投资的社会收益界定为:教育投资增加所增加的产出。

5.2.2 教育投资成本的界定

与教育的个人收益、社会收益相对应,教育投资成本也分为个人成本和社会成本。个人成本又包括直接成本和机会成本。个人的直接成本是指个人或家庭直接负担的教育费用,包括学杂费、教材费、生活费、交通通讯费等等。个人的机会成本是指受教育者在受教育期间所放弃的收入,它具有两个特点:一是随着人们接受教育等级的提高不断增加,二是机会成本在总成本中所占的比重有不断增长的趋势(侯风云,1999)。至于社会成本则应包括以上所有这些私人成本和公共当局提供教育的直接成本(李梅,2000)①。

① 侯风云(2007)认为在计算教育投资的机会成本时,既要考虑个人因接受教育而失去工作机会进而损失的工作收入,还要考虑将公共资金或个人资金用于教育而损失的收益。

鉴于估算的是教育投资的社会收益率，我们将教育投资成本界定为社会成本，这包括个人的直接成本、国家提供教育的直接成本、机会成本。考虑到数据的可获得性，我们将个人的直接成本采用生均学杂费表示，国家提供教育的直接成本使用生均教育经费支出替代，机会成本则采用受教育者接受教育期间所放弃的产出表示。

5.2.3 教育投资收益率的估算方法

从已有研究来看，影响较大、应用较广的教育投资收益率的估算方法主要有两个：一是明瑟收益率法，二是内部收益率法。

1. 明瑟收益率法

明瑟收益率是指多接受一年教育所带来的收入增长的比率。个人（明瑟）收益率可以通过估计以下明瑟模型求得：

$$\ln Y_i = \alpha_0 + \alpha_1 S_i + \alpha_2 EX_i + \alpha_3 EX_i^2 + \varepsilon_i \tag{5.1}$$

其中，Y_i 为劳动者的收入；S_i 是劳动者的受教育年限；EX_i 指劳动者的工作年限。由式(5.1)可得：$\alpha_1 = \dfrac{\partial \ln Y_i}{\partial S_i}$，$\alpha_1$ 即为教育的个人收益率。

利用明瑟收益率法计算教育的社会收益率，则可估计一个更为简单的明瑟模型：

$$\ln Y_i = \alpha_0 + \alpha_1 S_i + \varepsilon_i \tag{5.2}$$

这里，Y_i 代表一国的国民经济水平（人均 GDP 等）；S_i 表示一国的国民平均受教育年限。因为使用的是宏观数据，因此系数 α_1 捕捉的是教育投资的社会收益率。

明瑟收益率法因其简便易行而被许多学者使用（诸建芳等，1995；陈晓宇、闵维方，1999；Wei et al.，1999；蔡增正，2000；Li and Luo，2004；李实、丁赛，2004；侯风云，2007；高梦滔，2007；罗楚亮，2007），但由于该方法不直接涉及教育的个人成本，因此该方法并不是严格意义上的成本—收益分析方法。

2. 内部收益率法

教育投资的内部收益率是指使教育成本的现值和预期收益的现值相等的贴现率。换句话说，是指使贴现的教育成本和收益之差为零的利率（陈晓宇、闵维方，1999）。内部收益率的计算公式如下：

$$\sum_{t=1}^{n} \frac{B_t}{(1+r)^t} = \sum_{t=1}^{m} C_t (1+r)^{m-t} \tag{5.3}$$

其中，B_t、C_t 分别为第 t 年的教育收益和教育成本；r 是教育的内部收益率；m 为该级教育的年限，n 是受教育者毕业后终生获得收入的年限。

如果将式(5.3)中的教育收益区分为个人收益和社会收益，教育成本区分为个人成本与社会成本，则可较为简便地相应求得教育投资的个人内部收益率（personal internal of rates of return）与社会内部收益率（social internal rates of return）。因此，内部收益率法也为众多学者所使用（Fleisher and Chen，1997；陈晓宇、闵维方，1999；Fleisher，Li and Zhao，2006；高梦滔，2007）。

值得指出的是，尽管内部收益率法弥补了明瑟收益率法不考虑教育成本与货币的时间价值的缺陷，但仍存在诸多局限性：(1)教育内部收益率的计算需要大样本多变量的数据，完全令人满意的样本几乎不可能得到。(2)教育的收益是多方面的，如果仅考虑投资收益（在未来可以获得的满足或效用），而不考虑消费收益（在单一时间内短暂和即时的满足），那么受教育者为消费收益而支付的“成本”就被包括在投资收益的成本中，导致教育投资的内部收益率被低估。(3)教育投资的内部收益率受 α 系数（收入的增加归功于所受教育的程度）的影响很敏感，使用的 α 系数越高，内部收益率就越高（陈晓宇、闵维方，1999）。

由于本研究是基于成本—收益分析来估算教育投资的社会收益率，因此与 Fleisher 和 Chen(1997)；Fleisher、Li 和 Zhao(2006)的做法相同，我们也采用内部收益率法。

5.2.4 估算模型的构建

沿袭 Fleisher 和 Chen(1997)、Fleisher、Li 和 Zhao(2006)的做法，本研究主要基于以下相关函数或方程来估算中国各级教育投资的社会内部收益率[①]。

生产函数： $$\ln Y_{it} = \ln TFP_{it} + \alpha \ln K_{it} + \beta \ln L_{it} \tag{5.4}$$

TFP 方程： $$\ln TFP_{it} = \alpha_0 + \alpha_1 \ln H_{it} + \alpha_2 \ln FDI_{it} + \alpha_3 ROAD_{it} + \alpha_4 MKT_{it} + \alpha_5 URB_{it} \tag{5.5}$$

人均受教育年限： $$H_{it} = hh_{it} \cdot 16 + hs_{it} \cdot 12 + hj_{it} \cdot 9 + hp_{it} \cdot 6 \tag{5.6}$$

其中，hh_{it}、hs_{it}、hj_{it}、hp_{it}依次为 6 岁及以上人口中高等教育(大专及以上)、高中教育(高中和中专)、初中教育、小学教育程度人口比重。

根据以上相关函数或方程，我们再做出如下基本假定：

(1) 假定各种教育程度新增人口无折旧，而且寿命无限(Fleisher and Chen, 1997)。

(2) 高等教育、高中教育(包括高中和中专)、初中教育、小学教育学制依次为 4、3、3、6 年。

(3) 从业人员中各种教育程度人口等于 6 岁及以上人口中各种教育程度人口。

基于前面确定的生产函数或方程，以及基本假定，高等教育社会内部收益率的估算模型的推导过程如下：

高等教育程度人口比重增加 $\mathrm{d}hh_{it}$所得到的社会收益为：

$$\frac{\mathrm{d}Y_{it}}{\mathrm{d}hh_{it}} = \frac{\mathrm{d}Y_{it}}{\mathrm{d}\ln TFP_{it}} \frac{\mathrm{d}\ln TFP_{it}}{\mathrm{d}H_{it}} \frac{\mathrm{d}H_{it}}{\mathrm{d}hh_{it}} = Y_{it} \cdot \frac{16 \cdot \alpha_1}{H_{it}}$$

① 生产函数和 TFP 方程中变量的含义请参阅本书第 4 章相关内容。另外，构建估算模型的思想来源于 Fleisher 和 Chen(1997)，Fleisher、Li and Zhao(2006)的研究。

即：$dY_{it}=Y_{it}\cdot\frac{16\cdot\alpha_1}{H_{it}}\cdot dhh_{it}$

则贴现的社会收益为：$Y_{it}\cdot\frac{16\cdot\alpha_1}{H_{it}}\cdot dhh_{it}\cdot\sum_{j=1}^{\infty}\frac{1}{(1+\rho)^j}=Y_{it}\cdot\frac{16\cdot\alpha_1}{H_{it}}\cdot dhh_{it}\cdot\frac{1}{\rho}$

高等教育程度人口比重增加 dhh_{it} 所需的社会成本为：

$$dhh_{it}\cdot L_{it}\cdot\left(\frac{Y_{it}}{L_{it}}\cdot\beta+D_{it}\right)$$

其中 D_{it} 是直接成本；$\frac{Y_{it}}{L_{it}}\cdot\beta$ 为间接成本，即受教育者接受教育时所放弃的产出。则完成 4 年高等教育的社会成本的贴现值为：

$$dhh_{it}\cdot L_{it}\cdot\left(\frac{Y_{it}}{L_{it}}\cdot\beta+D_{it}\right)\cdot[1+(1+\rho)+(1+\rho)^2+(1+\rho)^3]$$

$$=dhh_{it}\cdot L_{it}\cdot\left(\frac{Y_{it}}{L_{it}}\cdot\beta+D_{it}\right)\cdot\frac{(1+\rho)^4-1}{\rho}$$

根据内部收益率法有：

$$Y_{it}\cdot\frac{16\cdot\alpha_1}{H_{it}}\cdot dhh_{it}\cdot\frac{1}{\rho}=dhh_{it}\cdot L_{it}\cdot\left(\frac{Y_{it}}{L_{it}}\cdot\beta+D_{it}\right)\cdot\frac{(1+\rho)^4-1}{\rho}$$

化简后可得：

$$\frac{16\cdot\alpha_1\cdot Y_{it}}{H_{it}(Y_{it}\cdot\beta+L_{it}\cdot D_{it})}+1=(1+\rho)^4 \tag{5.7}$$

这里的 ρ 即为高等教育的社会内部收益率。

同理可得高中教育社会内部收益率的估算方程为：

$$\frac{12\cdot\alpha_1\cdot Y_{it}}{H_{it}(Y_{it}\cdot\beta+L_{it}\cdot D_{it})}+1=(1+\rho)^3 \tag{5.8}$$

初中教育社会内部收益率的估算方程为：

$$\frac{9\cdot\alpha_1\cdot Y_{it}}{H_{it}(Y_{it}\cdot\beta+L_{it}\cdot D_{it})}+1=(1+\rho)^3 \tag{5.9}$$

小学教育社会内部收益率的估算方程为：

$$\frac{6 \cdot \alpha_1 \cdot Y_{it}}{H_{it}(Y_{it} \cdot \beta + L_{it} \cdot D_{it})} + 1 = (1+\rho)^6 \qquad (5.10)$$

5.2.5 数据的处理与来源

生产函数、TFP方程的估计结果与估计它们所使用的数据已在本书第4章给出，因此这里主要对各级教育的直接成本进行说明。根据第5.2.2节的分析，各级教育的直接成本包括个人的学杂费支出和国家的教育经费支出。

1. 各级教育的生均学杂费的计算公式

高等教育（普通高等教育、成人高等教育）的生均学杂费 =（普通高等学校本年实际收取的学杂费 + 成人高等学校本年实际收取的学杂费）/（普通高等学校在校生 + 成人高等学校在校生）

高中教育（普通高中、中等专业学校）的生均学杂费 =（普通高中本年实际收取的学杂费 + 中等专业学校本年实际收取的学杂费）/（普通高中在校生 + 中等专业学校在校生）

初中教育的生均学杂费 = 普通初中本年实际收取的学杂费 / 普通初中在校生

小学教育的生均学杂费 = 普通小学本年实际收取的学杂费 / 普通小学在校生

2. 各级教育的生均教育经费支出的计算公式

高等教育（普通高等教育、成人高等教育）的生均教育经费支出 =（普通高等学校教育经费支出 + 成人高等学校教育经费支出）/（普通高等学校在校生 + 成人高等学校在校生）

高中教育（普通高中、中等专业学校）的生均教育经费支出 =（普通高中教育经费支出 + 中等专业学校教育经费支出）/（普通高中在校生 + 中等专业学校在校生）

初中教育的生均教育经费支出 = 普通初中教育经费支出 / 普通初中在校生

小学教育的生均教育经费支出 = 普通小学教育经费支出 / 普通小学在校生

各级教育本年实际收取的学杂费、教育经费支出 2005 年的原始数据来自《中国教育经费统计年鉴 2006》①，为了剔除价格因素和生活成本差异因素的影响，我们运用 GDP 平减指数(1990 年不变价，以北京为基准)进行了平减②。

5.2.6　估算结果分析

将第 4 章的相关估计结果 $\alpha_1 = 0.3$，$\beta = 0.374$ 代入式(5.7)—(5.10)，使用 2005 年的相关数据可求得各级教育的社会内部收益率如表 5.8。

表 5.8　各级教育的社会内部收益率(一)(%)

地　区	高等教育	高中	初中	小学
北　京	11.21	17.17	14.07	4.96
天　津	16.82	21.82	18.67	6.36
河　北	14.85	23.31	20.57	7.02
山　西	15.29	21.42	20.18	7.01
内蒙古	16.98	23.61	20.31	7.02
辽　宁	14.17	21.75	18.89	6.66
吉　林	14.69	22.57	19.40	6.65
黑龙江	13.10	23.55	20.02	6.76
上　海	14.35	19.10	15.63	5.64
江　苏	15.30	23.70	20.46	7.05
浙　江	15.12	21.64	19.21	7.04
安　徽	12.12	21.95	21.83	7.56
福　建	15.36	25.18	21.75	7.41
江　西	13.82	24.31	21.07	7.40
山　东	16.96	24.08	21.29	7.55
河　南	13.55	22.22	20.69	7.29

① 我们只获得了 2005 年分省(区)市的相关数据。此外，重庆计入四川，海南计入广东，西藏因相关数据缺乏被舍弃。
② GDP 平减指数来源于 Fleisher、Li 和 Zhao(2006)。

续表

地　区	高等教育	高中	初中	小学
湖　北	13.28	23.22	20.73	7.34
湖　南	11.46	20.15	18.90	6.72
广　东	15.38	22.87	21.10	7.58
广　西	12.71	20.15	19.70	6.99
四　川	12.75	23.28	20.86	7.52
贵　州	11.66	20.53	21.88	7.80
云　南	13.14	21.01	22.13	7.85
陕　西	10.97	21.92	20.45	7.07
甘　肃	12.10	22.86	22.01	7.77
青　海	14.48	24.73	21.82	7.67
宁　夏	14.46	21.68	20.27	7.47
新　疆	16.31	22.59	20.00	7.05
东部平均	14.95	22.06	19.16	6.73
中部平均	13.41	22.42	20.35	7.09
西部平均	13.56	22.24	20.94	7.42
全国平均	14.01	22.23	20.14	7.08

注:计算各级教育社会内部收益率时假定它们放弃的产出相同。

从表5.8可以看出小学教育社会内部收益率比较低,和一些已有研究的结果存在明显差异,这可能与本研究计算各级教育所放弃的产出时的假定:各级教育放弃的产出相同,均为$\frac{Y_{it}}{L_{it}}\cdot\beta$有关。而实际上教育层次越高,其放弃的收入会越多(阿尔伯特·菲什洛,1966;舒尔茨,1990),因此,表5.7中的估计结果存在低估教育社会内部收益率的可能。为此,我们根据一些学者如叶茂林等(2003)的研究对β按教育层次重新进行设定:高等教育为0.201,高中、初中教育为0.165,小学教育为0.039[①],这样我们得到如下各级教育的社会内部收益率(见表5.9)。

① 小学教育存在放弃收入的理由请参阅阿尔伯特·菲什洛(1966)、赵秋成(1999)等的研究。

表5.9　各级教育的社会内部收益率(二)(%)

地　区	高等教育	高中	初中	小学
北　京	13.60	25.52	21.83	12.48
天　津	22.13	34.97	32.52	21.10
河　北	18.11	35.64	34.55	20.93
山　西	18.91	31.75	34.12	22.29
内蒙古	21.47	36.50	33.97	21.18
辽　宁	17.35	33.15	31.28	20.36
吉　林	18.01	34.54	32.02	18.97
黑龙江	15.66	36.94	33.77	19.97
上　海	18.24	29.10	24.89	15.91
江　苏	18.77	36.50	34.14	21.00
浙　江	18.24	30.78	29.55	18.46
安　徽	13.85	30.43	34.70	19.78
福　建	18.56	38.57	36.04	21.16
江　西	16.34	36.47	34.11	20.95
山　东	21.10	36.40	35.29	23.67
河　南	16.13	32.72	34.37	22.58
湖　北	15.68	34.64	34.01	22.10
湖　南	13.23	28.35	29.59	17.61
广　东	18.69	33.69	34.83	24.13
广　西	14.84	27.88	30.87	18.32
四　川	14.67	32.99	32.09	19.21
贵　州	13.10	26.88	33.07	18.55
云　南	14.99	27.67	33.57	18.72
陕　西	12.60	32.20	33.91	20.81
甘　肃	13.78	31.91	34.64	20.41
青　海	16.93	35.54	33.87	19.21
宁　夏	17.18	30.46	31.63	20.72
新　疆	20.38	34.01	33.01	21.45
东部平均	18.48	33.43	31.49	19.92
中部平均	15.98	33.23	33.34	20.53
西部平均	15.99	31.60	33.06	19.86
全国平均	16.88	32.72	32.58	20.07

注:计算各级教育社会内部收益率时假定它们放弃的产出不相同。

鉴于不同层次教育放弃的产出不同的假定更为合理，我们的基本结论主要基于表5.9的估算结果做出。由表5.9可以看出，正如所料，考虑到放弃产出的差异后，各级教育投资尤其是初中等教育投资的社会内部收益率均有显著提高，并且呈现出如下特点：

第一，对各级教育社会内部收益率大小的比较分析显示，高中教育、初中教育社会内部收益率最高且相差不大，全国平均水平分别为32.72%、32.58%；小学教育社会内部收益率的全国平均水平为20.07%；高等教育社会内部收益率也较高，全国平均水平为16.88%。和Psacharopoulos(1985)对同属发展中国家的拉丁美洲的研究结果(高等教育16%、中等教育18%、初等教育26%)相比较，我们的估计结果中，高等教育的社会内部收益率与其研究结果较为接近，高中、初中教育社会内部收益率要远高于其估计结果，小学教育社会内部收益率则低于其估计结果。但与中等发达国家相比，中国各级教育社会内部收益率均明显高于其各级教育社会内部收益率(高等教育8%、中等教育10%、初等教育13%)。与Balbir Jain(1991)的估计结果(社会收益率)：中低收入国家高等教育13.0%、中等教育11.3%、初等教育30.3%；中高收入国家高等教育13.4%、中等教育17.6%、初等教育25.3%相比，我们的中、高等教育的社会内部收益率高于其估计结果，小学教育社会内部收益率也比其估计结果要低。而和高收入国家相比，我们估计的各级教育社会内部收益率同样明显高于其各级教育社会内部收益率(高等教育9.2%、中等教育10.0%、初等教育9.6%)。而Fleisher、Li和Zhao(2006)的估计结果：中国高等教育、中等教育的平均收益率分别为33.23%、49.66%，则远高于我们的估计结果。这与我们所用的各级教育水平数据、分析时期、对教育活动成本的界定不同有关。

第二，从东中西三大地区的各级教育社会内部收益率的大小情况来看，地区差异较小。Fleisher、Li和Zhao(2006)也发现中等教育社会内部收益率的地区差异不明显；高等教育社会内部收益率虽然在沿海地区、东北地区、西部地区间的差异不大，但在这些地区与内陆地区间则存在较大差异。如前所述，这些研究结论方面的差异固然与我们所用的数据、对教育活动成本的界定的不同有关，但不管怎样，我们的研究结论同样表明中西部地区的各级教育社会内部收益率并不比东部地区低。这与诸多学者对中国教育个人收益率的研究结论相似(孙志军，2004)。

总之，我们对各级教育社会内部收益率的估算结果表明，各级教育的社会内部收益率既高于中国 8%的社会标准贴现率(干勤等，2007)，又超过了 10%这一“分水岭”，因为相对于物质资本或金融资本的替代投资而言，如果投资回报率超过 10%，就可以视作“社会性可赢利”投资(李梅，2000)。因此，政府应该进一步加大对中国教育的投入。就教育投资的结构而言，鉴于中国已呈现高中、初中教育最高，小学教育次之，高等教育最低的社会内部收益率分布格局，以及高等教育已进入大众化阶段并且其投入长期以来偏高的客观事实(闫淑敏、闻岳春，2007；谭永生，2007)，政府应继续普及和巩固九年制义务教育，大力发展高中阶段教育尤其是高中阶段职业教育，不断提高高等教育质量。此外，我们的研究还显示中西部地区的各级教育投资社会内部收益率并不低于东部地区，这表明政府增强对中西部地区教育发展的扶持力度，并不会导致投资效率的损失，相反这是加快落后地区人力资本积累，提高落后地区全要素生产率，进而增加其要素积累，缩小其与发达地区差异的关键。

5.3 本章小结

通过分析中国人力资本投资的现状，发现中国教育投资无论在总量上，还是在生均教育经费支出方面一直在低水平徘徊，而且存在较大的地区差异。东部地区更高的教育投入使其具有比中西部地区更高的人力资本水平，从而更高的全要素生产率，这也是东部地区经济增长更快的重要原因。对各级教育投资的社会收益率的估算结果表明，各级教育投资的社会内部收益率均较高，且呈现高中、初中教育最高，小学教育次之，高等教育最低的分布格局；中西部地区的各级教育投资社会内部收益率并不低于东部地区，因此，政府应该进一步加大对教育的投入，且增强对中西部地区教育发展的扶持力度。这样做并不会导致投资效率的损失，相反是加快落后地区人力资本积累、提高落后地区全要素生产率、进而增加其要素积累、缩小其与发达地区差异的关键。就教育投资结构而言，则应继续普及和巩固九年制义务教育，大力发展高中阶段教育，不断提高高等教育质量。

第6章

基本结论和政策含义

6.1 基本结论

综合和总结前面各章对人力资本—全要素生产率—要素边际生产率—要素积累—经济增长这一分析中国地区差异的框架的理论分析、基于中国数据的经验实证,以及对中国人力资本投资所存在的主要问题与社会内部收益率的估算结果,本研究得到如下几个基本结论:

(1) 虽然技术进步对经济增长的重要作用日益凸显,但中国经济增长仍属资本积累驱动型,而且资本积累和技术进步均为解释中国地区差异的重要直接因素。

(2) 人力资本主要通过卢卡斯式作用机制(技术创新)促进经济增长,它对全要素生产率具有重要的促进作用,而全要素生产率则是延缓资本边际生产率下降并使其维持在较高水平的关键因素(尽管资本劳动比在不断攀升),同时它的上升也提高了劳动边际生产率,资本和劳动边际生产率的提高促进了资本、劳动的积累,从而推动了经济的快速增长。相对于中西部地区而言,中国东部地区更高的人力资本水平、市场化进程等使其具有更高的全要素生产率,从而更高的要素边际生产率和更高的要素积累水平,进而更快的经济增长速度。

(3) 人力资本对TFP增长的年均贡献率在中西部地区要远高于FDI、基础设施、市场化进程和城市化程度,在东部地区虽然低于市场化进程和城市化程度,但仍然非常重要。

(4) 中国教育投资一直在较低水平徘徊，教育投资的地区差异也呈扩大趋势。但中国高等教育，高中、初中教育和小学教育的社会内部收益率均较高，且呈现高中、初中教育最高，小学教育次之，高等教育最低的分布格局；中西部地区各级教育投资的社会内部收益率并不低于东部地区。

基于以上基本结论，我们得到三个重要推论：

第一，脱离中国经济发展自身的阶段性与特殊性：作为一个经济转型国家，虽然技术进步对经济增长的推动作用不断增强，但经济增长仍属要素驱动尤其是资本驱动型，而且资本积累和技术进步均为解释中国地区差异的重要直接因素，片面强调资本积累或技术进步的重要性，将不利于中国经济增长方式的转变，不利于中国经济的长期增长和地区差异的缩小。经济增长具有内在的规律性，在不同的发展阶段其增长方式也会有所不同。理论上，经济增长的方式一般被分为两类：其一，以增加自然资源、劳动、资本等要素投入和扩大规模为基础、注重经济增长速度的粗放型经济增长方式；其二，以提高生产效率为基础、重点强调经济增长质量的集约型经济增长方式。波特(2002)对经济发展阶段的划分：要素驱动阶段、投资驱动阶段、创新驱动阶段、财富驱动阶段，实质上反映出经济增长方式由粗放型向集约型转变的一般趋势。鉴于以“高能耗、低效率、高污染”为特征的粗放型经济增长方式给可持续发展所造成的巨大压力，中国政府一直致力于经济增长方式的转变。早在1987年，党的十三大报告就提出“必须坚定不移地贯彻执行注重效益、提高质量、协调发展、稳定增长的战略。这个战略的基本要求是，努力提高产品质量，讲求产品适销对路，降低物质消耗和劳动消耗，实现生产要素合理配置，提高资金使用效益和资源利用效率，归根到底，就是要从粗放经营为主逐步转上集约经营为主的轨道”。然而，20多年过去了，中国的经济增长方式仍然没有转换过来。其中一个重要原因就在于脱离了中国经济发展的阶段性与特殊性，片面强调资本积累或技术进步的重要性。具体来说，中国现阶段的经济增长主要由资本的增长推动，其次是全要素生产率的增长，因此，政府和企业会倾向于靠增加资本等要素投入来获取较快的经济增长，而不注重生产效率的提高，这种片面强调资本积累作用的做法无疑会不利于经济增长方式的转变[①]，而且中国的资源和环境也无法承受这种粗放型经济的持续增长（金碚，2005）。而如果片面强调技术进步的作用，那么由于忽视了最现实的、具有决定性的增长来源——资本积累，经济增长会在我们还没有富裕起来的时候就出现减速，即使这样的增长主要靠技术进步来推动，也不是我们所期望的（郑玉歆，2007）。另外，从对地区差异的影响来看，片面强调资本积累或技术进步的作用同样不利于地区差异的缩小，因为与发达地区相比，落后地区在资本积累与技术进步方面均无优势可言。因此，中国对经济增长方式的选择与定位，应该具体联系中国所处的经济增长阶段，把握好经济增长方式转变的时机和环境；要改变个别因素的一元决定论，代之以多元化的系统性研究；既要分析生产要素的数量和质量，也要研究生产要素的质量和效率提高的内在机制（卫兴华、侯为民，2007）。正是基于中国经济发展的阶段性与特殊性，以及技术进步对资本边际生产率进而资本积累的重要作用，本研究利用资本边际生产率将资本积累和技术进步的作用有机地结合起来，这既顾及了中国自身资源禀赋的特点，又突出了技术进步在改进投资质量和积累有效性方面的重要作用[②]，因而能有效地克服片面强调资本积累或技术进步的作用所带来的不良后果，从而有利于中国经济增长方式的转变，有利于中国经济的持续发展和区域经济的协调发展。

第二，进一步加大中西部地区的人力资本投资力度，提高中西部地区的人力资本水平是缩小地区差异的战略选择。我们的研究表明，人力资本主要通过卢卡斯式作用机制（技术创新）促进经济增长，它对全要素生产率具有重要的促进作用；人力资本对TFP增长的年均贡献率在中西部地区要远高于FDI、基础设施、市场化进程和城市化程度，而中西部地区全要素生产率的提高，会提高中西部地区的要素边际生产率，从而促进中西部地区的要素积累，进而加快中西部地区的经

① 这种情况在地方政府具有单纯追求产值增加的行为偏好（由税收政策以增值税为主，干部考核主要依据GDP增长率所致）时尤其如此。

② 事实上，即使在前现代社会，经济增长通常也是由生产率的提高和要素的积累两方面的因素同时作用才得以实现的（林毅夫、苏剑，2007）。

济发展水平，缩小它们与发达地区之间的差异。因此，在中国经济增长虽仍属要素驱动尤其是资本驱动型，但技术进步对经济增长的推动作用不断增强的背景下，人力资本是提高中西部地区经济发展水平的关键因素。然而，长期以来，中西部地区的人力资本水平与东部地区之间存在较大差异。从(联合国)人力发展指数来看，甘肃、贵州、西藏、青海、云南等西部省(市、区)的人力发展指数为0.59—0.67，而北京、广东、江苏、上海、天津、浙江等东部省(市、区)的指数达0.80—0.89。从各地区的入学率来看，初中入学率的差异很大：西藏为49%，广西、贵州、黑龙江、宁夏、云南、青海为60%—70%，北京、上海、天津、浙江为99%；高中入学率的差异也很大：安徽、河南、内蒙古、云南低于30%，而北京达96%；2000年，中西部高中入学率为34%，而东部为50%(沈春丽，2006)。此外，高等教育的地区差异也很明显(Fleisher and Chen，1997；沙安文等，2006；Fleisher，Li and Zhao，2006)。从各地区的人均受教育年限来看，1987年东中西三大地区依次为6.29年、6.24年、5.60年，相差不大，而至2005年，东部地区(8.59年)比中部地区(7.96年)、西部地区(7.29年)分别高出0.63年、1.30年。各地区人力资本水平的差异无疑与地区间教育投资的不平衡密切相关。本书第5章对中国人力资本投资的现状分析表明，东部地区的教育投资在总量上高于中西部地区，在生均教育经费上更是如此，而且教育投入的地区差异呈不断扩大趋势，其他学者如詹姆士·J.海克曼(2003)、沙安文等(2006)等的研究也证实了这一点。因此，政府应该加大对中西部地区教育的扶持力度，以提高其人力资本水平。万广华、张藕香(2006)也指出，教育对区域不平等越来越重要的影响要求政府必须加大对内陆地带的教育投入。

第三，政府进一步加大教育投入，增强对落后地区教育扶持的决策是合乎理性的。中国教育投资一直在较低水平徘徊，教育水平和教育投资的地区差异也呈扩大趋势(Fleisher，2005；Heckman，2005)。本书研究关于各地区人力资本对全要素生产率，从而要素边际生产率，要素积累，进而对经济增长具有重要促进作用的研究结论，证明了政府进一步加大对各地区教育投入的必要性，而基于成本—收益分析框架的教育社会收益率的估算结果则进一步证实了这一决策的合理性。

我们对各级教育社会收益率的研究表明，中国高等教育，高中、初中教育和小学教育的社会内部收益率均较高；中西部地区各级教育投资的社会内部收益率也并不低于东部地区；教育收益率呈现出高中、初中教育最高，小学教育次之，高等教育最低的分布格局。因此，政府应进一步加大对各地区教育的投入，而且增强对中西部地区教育发展的扶持力度，不仅不会导致投资效率的损失，相反，这是加快落后地区人力资本积累，提高落后地区全要素生产率，进而增加其要素积累，缩小其与发达地区差异的关键。就教育投资的结构而言，鉴于中国已呈现高中、初中教育最高，小学教育次之，高等教育最低的社会内部收益率分布格局，以及高等教育已进入大众化阶段并且其投入长期以来偏高的客观事实（闫淑敏、闻岳春，2007；谭永生，2007），政府应继续普及和巩固九年制义务教育，大力发展高中阶段教育尤其是高中阶段职业教育，不断提高高等教育质量。

6.2　政策含义

人力资本在解释国家和地区间的生产率差异和不平等方面发挥着极其重要的作用（Becker，1964；Schultz，1981；Lucas，1988）。19世纪后期以来，美国对英国、日本对美国、韩国对西欧国家的成功追赶无不表明：人力资本积累是经济快速发展的先导。随着知识经济的兴起与迅猛发展，人力资本作为技术进步的源泉，更是被视为经济增长的“引擎”，成为解释国家、地区间经济增长差异的重要因素。我们的理论探索与实证研究也显示，在技术进步的作用虽然日益增强，但中国经济增长仍属要素驱动型尤其是资本积累驱动型背景下，各地区人力资本对全要素生产率进而对经济增长具有重要的促进作用；加强中西部地区的人力资本投资，是提高中西部地区的全要素生产率，从而其要素边际生产率，吸引更多生产要素流向中西部地区，进而缩小其与发达地区差异的必然选择。下面，我们围绕如何加大中国的人力资本投资尤其是落后地区的人力资本投资，以及如何提高人力资本的使用效率提出如下政策建议。

6.2.1 坚持以人力资本积累为先导的战略选择,培育多元化的人力资本投资主体,优化教育投资结构,加大财政对中西部教育的支持力度

基于本研究及其他已有研究的结论,结合中国人力资本投资的实际情况,我们认为,要实现加大中国人力资本投资尤其是落后地区的人力资本投资的目标,必须做好以下四个方面的工作:

首先,各级政府必须充分认识人力资本在现代经济增长中重要地位与作用,坚持以人力资本积累为先导的战略选择。长期以来,在资本积累驱动型经济增长方式背景下,政府着眼于短期经济利益,往往倾向于通过增加物质资本投资来获取经济的较快增长,而将收益具有滞后性的人力资本投资置于次要地位,这在资本本来就较为缺乏的中西部地区尤其如此。然而,一方面,这种粗放型经济不利于经济增长方式的转变,也难以持续增长(金碚,2005),另一方面,与东部地区相比,中西部地区的资本积累不具优势,而且其资本趋向于流向效率更高的东部地区,因此靠这种经济增长方式也难以缩小地区差异。从世界经济发展的历史来看,后进国追赶先进国的成功范例均证明人力资本积累是经济快速发展的先导。我们的研究也表明,加强中西部地区的人力资本投资,是提高中西部地区的全要素生产率,从而其要素边际生产率,吸引更多生产要素流向中西部地区,进而缩小其与发达地区差异的必然选择,而且各地区各级教育投资的社会收益率均较高。因此,各级政府应转变观念,坚持以人力资本积累为先导的战略选择,只有这样才能使中国及其各地区的人力资本投资得到较快的增长,保证早日实现财政性教育经费占GDP的比重达到4%的目标。

其次,充分发挥政府在人力资本投资中的主体作用,同时创造条件培育形成包括社会、企业、个人在内的多元化人力资本投资体系。人力资本投资的外部性,以及教育的公共性、公益性等决定了政府在教育投资尤其是基础教育投资中的主体地位。2001年及以前,虽然财政性投入占中国教育经费投入的比重一直保持在

66%以上，但截至 2001 年，中国尚有 522 个县未实现“普九”，覆盖了占全国总人口 10%左右的地区。高中阶段教育发展滞后，半数初中毕业生无法升学（中国教育与人力资源问题报告课题组，2003）。这表明受财政收入的限制，政府不可能完全满足所有公民的教育需求。因此，在政府根据财力不断加大教育经费投入力度的同时，广泛吸纳社会、企业、个人进行人力资本投资成为必要。然而，迄今为止，社会人力资本投资仍然极其有限。社会团体办学投入占中国教育经费投入的比重虽呈上升趋势，但至 2004 年仍只有 4.8%。2001 年，全国各级各类民办教育机构在校生 566 万人，仅占教育总规模的 2.5%。其中，民办小学、中学、高校在校生占全国在校生总数的比例仅为 1.5%、3.0%、9.0%。而 1996 年，美国、韩国、法国三国私立小学在校生人数分别占在校生总数的比例为 12%、1%、15%；私立中学在校生人数分别占 10%、38%、20%；1999 年，三个国家专业技术型私立高校在校生人数占该类高校在校生总数的比例为 7.4%、86%、26.3%；学术研究型私立高校在校生人数分别占 34.5%、76.5%、9.8%（中国教育与人力资源问题报告课题组，2003）。因此，政府应坚持“积极鼓励、大力发展、正确引导、加强管理”的政策，积极实施《民办教育促进法》，努力营造公办学校与民办学校公平竞争的环境，保证民办学校的合理回报，从而充分调动社会力量进行人力资本投资的积极性。这既有利于缓解教育供小于求的矛盾，又有利于改变办学体制与政府包揽办学的格局。总之，中国的基本国情是发展中国家办大教育，因此，面对公众教育投资需求强烈与政府财政紧缩的矛盾，坚持“两条腿走路”，广泛吸纳民间资金，将是解决中国教育发展与人力资源开发中诸多问题的根本出路（胡永远、刘智勇，2004）。由于劳动力在市场上是完全自由流动的，人力资本的所有权属于个人，所以企业既不会对个人正规教育进行投资，也不会对个人的职业培训有很大的投资动力（贝克尔，1990）。中国企业人力资本投资不足已成不争的事实。赵曙明、吴慈生（2003）的调查研究显示，培训支出占员工总工资 0.5%、0.5%—1.5%、1.5%—3%的企业依次占 38.7%、38.7%、19.4%，仅有 3.2%的企业的培训支出占员工总工资的 3%以上。劳动和社会保障部 2004 年 4 月对全国 40 个城市技能人才状况的抽样调查结果也表明，2003 年企业用于就业人员的人均教育经费投入仅为195元,企业职工教育经费投入占职工工资总额的1.4%,未达到国家规定的1.5%的最低比例(谭永生,2007)。为此,政府应该借鉴其他国家如新加坡、韩国等国家的成功经验,着力建立健全企业职工在职培训方面的法律法规体系,通过设立"在职培训基金",鼓励企业和学校联合办学,合作培养人才等方式,来促使企业加大人力资本投资。企业自身也要增强对在职培训的重要性的认识,在资金不足的情况下,企业可以通过合理的成本分担机制(由国家、企业、个人三方分担或者是企业、个人双方分担培训成本)来加强在职培训。就个人人力资本投资而言,当前中国居民的人力资本投资需求强劲(胡永远,2003)。由于个人人力资本投资决策主要取决于投资的个人收益率,因此较低的个人收益率会挫伤个人人力资本投资的积极性。从中国的实际情况来看,劳动力市场的制度性分割、劳动力分配和使用效率低下、各种教育投资效率低下等是导致中国私人教育收益率较低的重要原因(诸建芳等,1995;赖德胜,1998)。因此,进一步建立统一健全的劳动力市场,让市场在劳动力资源和人力资本配置和评价中起基础性作用是提高中国的私人教育收益率,进而促进个人人力资本投资的重要保证。

再次,不断优化教育投资结构,提高人力资本投资效率。政府教育投资的结构对教育自身的协调发展和社会经济结构的调整与优化具有重要影响。合理规划教育投资结构,对于提高教育投资效果,促进社会经济结构调整和产业优化升级具有重要意义。在教育总经费有限的情况下,政府不得不在各级教育投资之间进行权衡,以合理确定教育投资在各级教育上的比例。一方面,根据国际上大多数国家的教育经费分配情况,教育、经济发展水平较低的国家,应将初等教育作为教育投资的分配重点,此后随着经济发展水平的提高,再将教育投资分配重点逐渐转向中等教育和高等教育。另一方面,教育的发展又必须紧密联系经济发展、市场需求和技术创新的需要,为经济的发展提供与之相适应的各类型人才。因此,教育投资结构的优化必须以教育自身的健康发展和适用社会经济发展需要的有机结合为前提。鉴于中国已呈现高中、初中教育最高,小学教育次之,高等教育最低的社会内部收益率分布格局,以及不同类型人力资本对经济增长的作用机制不同:"初等教育"不通过最终产品生产、技术创新或模仿促进经济增长;"中等教育”既通过技术创新，又通过最终产品生产作用于经济增长；而“高等教育”则主要通过技术创新促进经济增长，且其对技术创新的促进作用大于“中等教育”(刘智勇等，2008)，政府一方面应继续普及和巩固九年制义务教育，大力发展高中阶段教育尤其是高中阶段职业教育。这可以不断减少“初等教育”程度人口比重，提升“中等教育”程度人口比重，从而满足中国产业结构升级和经济增长方式转变过程中最终产品生产部门对更高教育程度人力资本的需求；另一方面应将“高等教育”发展战略从以规模扩大求发展向以质量提高求发展转移，突出创新型人才培养目标，以保证建设创新型国家所需的高素质人力资本。总之，这种教育投资结构的优化既有助于提高人力资本投资的效率，又能为中国经济结构调整和产业优化升级提供与之相适应的各类型人力资本。

最后，应加大财政对中西部地区教育的支持力度。不可否认，中西部地区政府通过以上三个方面的努力仍难以缩小其与东部地区在人力资本水平上的差距，原因在于：其一，义务教育和高中阶段教育经费主要靠地方政府筹集，高等教育经费也有相当一部分来自地方政府的财政拨款，而中西部地区政府财政收入水平低，这不利于中西部地区各阶段教育的发展。全国人大代表、原兰州大学校长李发伸指出，在全国教育不公现象在整体好转的同时，由于底子薄、条件差，西部教育发展虽然取得了一定成绩，相对于东部的发展速度，区域差距仍在持续拉大。他列出了一组数据，“十五”末，甘肃省“双基”覆盖率比全国平均水平低12个百分点，初中生入学率比全国平均水平低10个百分点，2005年甘肃省高中阶段毛入学率比全国平均水平低10.7百分点，有12.8万初中生不能进入高中阶段学习，2005年全省高等教育毛入学率比全国低6个百分点，每万人拥有普通高校在校生人数仅为全国平均水平的78%，2006年高考录取率41%，全国倒数第一。湖南师范大学党委书记张国骥也有这个感受，他所在的学校是湖南省属高校财政拨款最多的学校，每年投入1.3亿元，而位于广州的华南师范大学每年拿到的投入至少是五六个亿(李润文，2007)。其二，中西部地区政府财政拨款以外的教育投资渠道不畅。以民办教育发展水平为例，2000年东部地区社会团体和公民个人办学经费占总教育经费的比重达3.37%，而中西部地区分别只有1.40%、0.86%(胡永远、刘智勇,2004)。此外,中西部落后地区居民的人力资本投资受到更为严重的初始资源约束,即家庭条件差的个人难以筹措到进行人力资本投资的资金。其三,严重的"智力流失"给中西部地区造成大量的人力资本损失,这无疑会挫伤中西部地区加大人力资本投资的积极性。本书的研究表明,要减少中西部地区的"智力流失",中西部地区必须提高其劳动边际生产率,而这有赖于中西部地区人力资本水平的提高,因为中西部地区人力资本对TFP的年均贡献最大,TFP则是提高劳动边际生产率的重要因素。因此,中央政府应通过加大对中西部地区的财政转移支付力度、实行地区差异化投资政策等措施,增强对中西部地区教育发展尤其是初中等教育发展的扶持力度。这不仅不会损失投资效率(因为我们的研究表明中西部地区各级教育投资的收益率并不比东部地区低),相反这是使中西部地区尽快缩小其与东部地区在人力资本水平上的差异的重要保证。

6.2.2 加大制度创新力度,不断提高人力资本的使用效率

中国各地区尤其是中西部地区人力资本稀缺,而人力资本投资又不足,因此加大制度创新力度,提高人力资本的使用效率显得尤为重要。人力资本的使用效率首先取决于其配置。我们常常看到的如下现象就可证明这一点,两个具有同样价值的人力资本,一个由于被配置在专业对口的岗位上,其价值得以发挥,工作效率高,而另一个被配置在专业不对口的岗位上,其价值难以实现,工作效率低。这表明合理配置对人力资本效率发挥的重要性。那么,如何实现人力资本的合理配置呢?是计划配置,还是市场配置?实践证明,计划配置具有强制性,人力资本载体必须无条件服从,因此,计划机制无法建立起良性的激励约束机制,反而易刺激人的机会主义动机,这决定了计划机制是低效的或无效的(孔令锋、黄乾,2003)。李忠民(1999)指出,计划配置的直接后果一是我国的整个人力资本配置过多地集中在行政机构;二是造成人力资本的闲置与浪费。"人不能尽其材"是其集中反映。而在市场配置下,人力资本载体可根据自己的需要和利益,通过市场的价格机制、竞争机制和供求机制来实现配置,这将真正实现"将合适的人放到合适的岗

位上”,使人力资本的自身价值得到最大限度的发挥,达到提高企业或其他组织效率的目的。具体来说,人力资本的市场化配置会增加最终产品生产部门中等教育程度人口比重,提升研发部门高等教育程度人口比重。这既有利于我国自主创新能力的增强和最终产品生产部门生产效率的提高,又有助于实现人力资本的有效配置,缓解我国高质量人力资本尤其是创新型人力资本短缺“瓶颈”,从而保证经济的持续快速增长(刘智勇等,2008)。

那么,如何做到人力资本的市场化配置呢?首先,政府要积极培育全国性、开放性人力资本市场,没有人力资本市场就谈不上人力资本的市场化配置。其次,要采取措施,日益弱化户籍制度的副作用,打破人才的“部门所有制”现象,促进人力资本的合理流动,将各类型人力资本配置在最需要的地方。同时,政府还应该在加强信息发布、法律规范和秩序维护等方面对人力资本市场进行调控与保障,促进人力资本市场需求。

其次,人力资本的使用效率取决于有效的激励。在市场经济中,人们的行为决策直接依赖于收入信号,如果高质量人力资本拥有者的工资报酬不能相对高于低质量人力资本拥有者的工资水平,甚至在补偿了个人投资成本之后反而低于后者,那么高质量人力资本拥有者显然会缺乏工作的积极性,导致高质量人力资本使用的低效率。因此,我们有必要采取有效的激励机制来提高人力资本尤其是高质量人力资本的使用效率,这对高质量人力资本流失严重的中西部地区来说尤为重要。为此,要努力营造人才生活、工作的良好环境,以增强“吸力”,弱化“斥力”。“斥力”主要表现在两个方面:一是生活待遇大幅度低于发达地区的水平;二是个人才能得不到重用和发挥,人才浪费、闲置现象十分突出。这不仅严重降低了人力资本的使用效率,而且促使它们流往发达地区。因此,一方面要正确看待人才价值,大幅度提高人才的收入(增加工资、持股和股票期权等),努力使其劳动获得合理报酬;另一方面要营造重视人才的良好氛围,并创造条件让他们充分发挥自身的作用。只有这样,才能增强“吸力”,使人力资本的作用得到充分发挥。

总之,相对于东部地区而言,中西部地区更应该注重人才工作、生活环境的改善和劳动力市场的完善,惟有如此,中西部地区才能在提高人力资本存量的同时,不断提高人力资本的使用效率,从而有效缓解中西部地区人力资本供给短缺与需求旺盛的矛盾,实现它们对东部地区的经济赶超。

6.3 本章小结

本书研究的理论分析与实证研究表明:人力资本对全要素生产率,从而要素边际生产率,要素积累,进而经济增长差异具有重要影响;中国教育投资一直在较低水平徘徊,教育投资的地区差异也呈扩大趋势;中国高等教育,高中、初中教育和小学教育的社会内部收益率均较高,且呈现高中、初中教育最高,小学教育次之,高等教育最低的分布格局;中西部地区各级教育投资的社会内部收益率并不低于东部地区。

以上研究结论具有如下三点重要启示:其一,脱离中国经济发展自身的阶段性与特殊性:作为一个经济转型国家,虽然技术进步对经济增长的推动作用不断增强,但经济增长仍属要素积累驱动尤其是资本积累驱动型,而且资本积累和技术进步均为解释中国地区差异的重要直接因素,片面强调资本积累或技术进步的重要性,将不利于中国经济增长方式的转变,不利于中国经济的长期增长和地区差异的缩小。其二,进一步加大中西部地区的人力资本投资力度,提高中西部地区的人力资本水平是缩小地区差异的战略选择。其三,政府进一步加大教育投入,增强对落后地区教育扶持的决策是合乎理性的。

因此,政府应立足于长远利益,坚持以人力资本积累为先导的战略选择,培育多元化的人力资本投资主体,优化教育投资结构,加大财政对中西部教育的支持力度;应加大制度创新力度,不断提高人力资本的使用效率,唯有如此,中西部地区才能有效缓解其人力资本供给短缺与需求旺盛的矛盾,从而缩小它们与东部地区在人力资本积累水平上的差距,实现对东部地区的经济赶超。

尽管本书从理论和经验实证两个层面,对人力资本—全要素生产率—要素边际生产率—经济增长这一研究中国地区差异的综合分析框架进行了分析，并分析了中国人力资本投资的现状，但仍有许多方面的工作亟待完善。

第一，从研究内容看，可以扩展到研究其他形式的人力资本对地区差异的影响。人力资本投资包括学校教育、在职培训、医疗保健、迁移等多种形式，但本书研究仅关注了通过正规教育所形成的人力资本。而事实上，通过在职培训、医疗保健、迁移流动所形成的人力资本对地区差异同样具有重要影响。

第二，以人均教育年限作为人力资本的替代指标存在明显的缺陷：无法反映出教育质量的差别。可以预见，如果将教育质量对人力资本形成的重要影响纳入研究，人力资本对地区增长差异的解释力将大为增强。

第三，为更准确地估计各级教育投资的收益率，有必要进一步对投资成本进行全面而准确的度量。本研究中教育投资的个人直接成本仅包括学杂费，没有考虑教材费、生活费等，而社会成本也仅包含教育经费支出，未考虑将公共资金用于教育而损失的收益。这在一定程度上造成了对各级教育投资收益率的高估。

参 考 文 献

Aghion, Philippe and Howitt Peter, *Endogenous Growth Theory*, Cambridge: The MIT Press, 1998, 327—340.

Aiyar, S. and J. Feyrer, "A Contribution to the Empirical of Total Factor Productivity," *Dartmouth College*, *Working Paper*, 2002, (8):1—42.

Alfaro, L., A. Chanda S. Kalemli-Ozcan and S. sayek, "FDI and Economic Growth: The Role of Local Financial Markets," *Journal of International Economics*, 2004, (64):89—112.

Arrow, K. J, "The Economic Implication of Learning by Doing," *Review of Economic Studies*, 1962, (29):155—173.

Aschauer, David A., *Infrastructure and Macroeconomic Performance: Direct and Indirect Effects*, In The OECD Job Study: Investment, Productivity and Employment, OECD, Paris, 1995:85—101.

Aschauer, David A., "Is Public Expenditure Productive?," *Journal of Monetary Economics*, 1989, 2(23):177—200.

Balbir, Jain, "Returns to education: Further analysis of cross country data," *Economics of Education Review*, 1991, 10(3):253—258.

Bardhan, P. K, "Equilibrium Growth in a Model with Economic Obsolescence of Machines," *Quarterly Journal of Economics*, 1969, 83(2):312—323.

Barro and Jong-Wha Lee, "International Data on Educational Attainment: Updates and Implications," CID Working Paper No. 42, 2000.

参 考 文 献

Barro, Robert J. , "Economic Growth in a Cross Section of Countries," *Quarterly Journal of Economics*, 1991, 105(May):407—443.

Barry, P. Bosworth and Susan M. Collins, "The Empirics of Growth: An Update," *Brookings Papers on Economic Activity*, 2003, (2):113—179.

Becker, G. S. , *Human Capital*, Chicago: University of Chicago Press, 1964: 1—50.

Becker, Gary, "Human Capital," New York: Columbia University Press, 1964.

Benhabib, J. and Spiegel M, "The Role of HUMAN Capital in Economic Development: Evidence from Aggregate Cross-country Data," *Journal of Monetary Economics*, 1994, 34(2):143—173.

Blaug, M. , "The empirical status of human capital theory: a slightly jaundiced survey," *Journal of Economic Literature*, 1976, 14(3):827—855.

Blomström, M. , A. Kokko, "Multinational Corporations and Spillovers," *Journal of Economic Surveys*, 1998, (12):247—277.

Brandt Loren Holz Carsten, Spatial Differences in China: Estimates and Implications, http://ihome. ust. hk/～socholz, 2004-06-01.

Cai, F. , Wang D. and Yang, D. U, "Regional Disparity and Economic Growth in China: The Impact of Labor Market Distortions," *China Economic Review*, 2002, (13):197—212.

Chen Baizhu and Yi Feng, "Determinants of Economic Growth in China: Private Enterprise, Education and Openness," *China Economic Review*, 2000, 11(1): 1—15.

Chen, Edward K. Y, "Transnational Corporations and Technology Transfer to Developing Countries," *In CNCTAD ed*: *Transnational Corporations and World Development*, 1996, (2):3—12.

Chen, J. and Fleisher B. M, "Regional Income Inequality and Economic Growth in China," *Journal of Comparative Economics*, 1996, (22):141—164.

Chow, Gregory and An-loh Lin, "Accounting for Economic Growth in Taiwan and Mainland China: A Comparative Analysis," *Journal of Comparative Economics*, 2002, (30):507—530.

Dela Fuente, A. e Domnéch, R., Human capital in growth regressions: how much difference does data quality make?, CEPR Working Paper No. 466, 2000.

Demurger, S., Saches J. D, Woo W. T, Bao Shuming and Chang G. H., "The relative contributions of location and preferential policies in China's regional development: being in the right place and having the right incentives," *China Economic Review*, 2002, (13):444—465.

Denison, Edward F., "The Unimportance of the Embodiment Question," *American Economic Review*, 1964, 54(2):90—93.

Duncan, R. and Tian X. W., "China's Inter-provincial Disparities: An explanation," *Communist and Post-Communist Studies*, 1999, (32):211—224.

Durlauf, S. and Quah D., "The new empirics of economic growth," *In: Taylor, J., Woodford, M., ed., Handbook of Macroeconomics*, 1999, (1):235—308.

Démurger, S., "Infrastructrure Development and Economic Growth: An Explanation for Regional Disparities in China?," *Journal of Comparative Economics*, 2001, 29(1):95—117.

Eam, R., "Level of Development and Rate of Returns to Schooling: Some Estimates from Multicountry Data," *Economic Development and Cultural Change*, 1996, 44(4):839—857.

Easterly, W and R. Levine, "It's not Factor Accumulation: Stylized Facts and Growth Models," *World Bank Economic Review*, 2001, (15):177—219.

Ezaki, M. and L. Sun, "Growth Accounting in China for National, Regional and Provincial Economies: 1985—1992," *Asian Economic Journal*, 1999, (13): 39—72.

Fischer, "The Role of Macroeconomic Factors in Growth," *Journal of Monetary*

Economics, 1993, (24):245—265.

Fleisher, B., *Higher Education in China: A Growth Paradox?* In Yum K. Kwan and Eden S. H. Yu, eds., Critical Issues in China's Growth and Development. Ashgate Publishers, Aldershot UK and Burlington VT, 2005, 3—21.

Fleisher, Belton M. and Jian Chen, "The Coast-Noncoast Income Gap, Productivity, and Regional Economic Policy in China," *Journal of Comparative Economics*, 1997, 25(2):220—236.

Fleisher, Belton M., Haizheng Li and Minqiang Zhao, "Human Capital, Economic Growth, and Regional Inequality in China," *Working Paper*, 2006, (12): 3—56.

Fleisher, Belton, Haizheng Li and Minqiang Zhao. Regional Disparity of Industrial Development and Productivity in China. www.econ.gatech.edu/faculty/haizheng-li/, 2006-03-16.

Gorg, H. and Strobl E., "Multinational Companies and Productivity Spillovers: A Meta-analysis," *Economic Journal, Royal Economic Society*, 2001, 111(475): 723—739.

Grossman, Gene M. and Helpman, *Innovation and Growth in the Global Economy*, Cambridge: The MIT press, 1991, 23—139.

Gustafsson, B. and Shi L., "The Anatomy of Rising Earnings Inequality in Urban China," *Journal of Comparative Economics*, 2001, (29):118—135.

Haizhen, Li and Yi Luo, "Reporting Errors, Ability Heterogeneity, and Returns to Schooling in China," *Pacific Economic Review*, 2004, 9(3):191—207.

Hall, Robert and Charles Jones, "Why do some countries produce so much more output per worker than others?," *The Quarterly Journal of Economics*, 1999, (1):83—115.

Hall, Robert E., *The Measurement of Quality Change From Vintage Price Data*, In Zvi Griliches, ed., Price Indexes and Quality Change, Cambridge, MA: Harvard Universtiy Press，1971:240—271.

Hans-Jügen Engelbrecht，The Role of Human Capital in Economic Growth：Some Empirical Evidence on the Lucas vs Nelson Philps controversy，Discussion Paper No. 01. 02，www. econ. massey. ac. nz，2001-05-03.

Hans-Jügen，Engelbrecht. The role of human capital in economic growth：some empirical evidence on the Lucas vs Nelson Philps controversy，Discussion Paper No. 01. 02，www. econ. massey. ac. nz，2001-05-03.

Heckman，James J.，"China's Human Capital Investment，" *China Economic Review*，2005，(16):50—70.

Holz，Carsten，"New Capital Estimates for China，" *China Economic Review*，2006，17(2):142—185.

Hu，Guangzhou，Gary Jefferson and Qian Jinchang，"R&D and Technology Transfer in Chinese Industry，" *Review of Economics and Statistics*，2005，87(4)：780—786.

Hu，Zuliu and Mohsin Khan，*Why is China Growing So Fast?*，IMF Working Paper 96/75，the International Monetary Fund，Washington，DC.，1996，(7):1—7.

Islam，N.，"Growth empirics：a panel data approach，" *Quarterly Journal of Economics*，1995，(110):1127—1170.

J. Jacobs，*The Death and Life of Great American Cities*，New York：Random House，1961：12—17.

Jian，T. L.，Sachs J. D. and Warner A. M.，"Trends in Regional Inequality in China，" *China Economy Review*，1996，7(1):1—21.

Jimenez，Emmanuel，*Human and Physical Infrastructure*：*Public Investment and Pricing Policies in Developing Countries*，In Jere R. Behrman and T. -N. Srinivasan，Eds.，Handbook of Development Economics，Vol. 3B，pp. 2773—2843. Amsterdam/New York/Oxford：Elsevier Science/North Holland，1995，(3)：2773—2843.

Johansen, Dale W., "The Embodiment Hypothesis," *Journal of Political Economy*, 1966, 74(1):1—17.

Kanbur, Ravi and Xiaobo Zhang, *Fifty Years of Regional Inequality in China: A Journey Through Central Planning, Reform and Openness*, Paper prepared for the UNU/WIDER Project Conference on Spatial Inequality in Asia, 2003.

Kanbur, Ravi and Xiaobo Zhang, "Which Regional Inequality? The Evolution of Rural Urban and Inland-Coastal Inequality in China from 1983 to 1995," *Journal of Comparative Economics*, 1999, (27):686—701.

Kim, Jong-Il and Lawrence Lau, "The Source of Asian Pacific Economic Growth," *The Canadian Journal of Economics*, 1996, (29):448—454.

Klenow, P. J and Rodriguez-Clare A., *The Neoclassical Revival in Growth Economics: Has it Gone Too Far?*, In Bernanke, B. and Rotemberg, J. eds., NBER Macroeconomics Annual, Cambridge, MA, MIT Press, 1997, 73—103.

Krueger, A. and M. Lindahl, "Education for Growth: Why and for Whom?", *Journal of Economic Literature*, 2001, 39(4):1101—1136.

Lau, Lawrence and Jungsoo Park, *The Source of East Asian Economic Growth Revisited*, Stanford Institute for Economic Policy and Research Working Paper Series, 2003, (9):1—77.

Levine, R. and D. Renelt, "A Sensitivity Analysis of Cross-Country Growth Regressions," *American Economic Review*, 1992, (82):34—51.

Levine, R. and D. Renelt, "Cross Country Studies of Growth and Policy: Some Methodological, Conceptual, and Statistical Problems," *World Bank Working Paper*, No. 608, 1991.

Lindauer, David and Lant Pritchett, *What's the Big Idea? Three Generations of Development Advice*, Economia, 2002.

Liu, B. Y and B. J. Yoon, "China's Economic Reform and Regional Productivity Differential," *Journal of Economic Development*, 2000, (25):23—42.

Lucas, Robert E. , "On the Mechanics of Economic Development," *Journal of Monetary Economics*, 1988, (22):3—42.

Mankiw, N. Gregory, Romer D. and Weil D. N. , "A contribution to the Empirics of Economic Growth," *Quarterly Journal of Economics*, 1992, 107 (2): 407—437.

Nelson, Richard R. and Phelps Edmund S. , "Investment in humans, Technological diffusion, and economic growth," *American Economic Review*, 1966, 69—75.

Nunes SimÕes Marta Cristina, Different Roles for Human Capital in Economic Growth. Papers and Proceedings "Old and New Growth Theories: An Assessment", www4. fe. uc. pt/gemf, 2001-10-05.

Nunes SimÕes Marta Cristina. Different Roles for Human Capital in Economic Growth. Papers and Proceedings "Old and New Growth Theories: An Assessment", www4. fe. uc. pt/gemf, 2001-10-05.

OECD. OECD Economic Surveys: China. Vol. 2005/13(September).

Otani, Ichino and Villanueva Delano, "Long-term Growth in Developing Countries and Its Determinants: An Empirical analysis," *World Development*, 1990, 18(6): 769—783.

Papageorgiou, C. , *Human capital as a facilitator of innovation and imitation in economic growth: further evidence from cross country regressions*, Mimeo, Louisiana State University, 1999, (4):1—26.

Pascharopoulos, G. , "Returns to education: A further international update and implications," *The Journal of Human Resources*, 1985, 20(4):583—604.

Phelps, Edmund S. , "The New View of Investment: A Neoclassical Analysis," *Quarterly Journal of Economics*, 1962, 76(4):548—567.

Psacharopoulos, G. and A. Patrinos, "Returns to Investment to Education: A Further Update," *Education Economics*, 2004, 12(2):111—134.

Psacharopoulos, G. , "Returns to Investment in Education: A Global Update,"

World Development, 1994, 22(9):1325—1343.

R. Park, E. Burgess and R. Mckenzie, *The City*, Chicago: The University of Chicago Press, 1925:1—56.

Raiser, M. , "Subsidizing Inequality: Economic Reforms, Fiscal Transfers and Convergence Across Chinese Provinces," *Journal of Development Studies*, 1998, 34(3):1—26.

Romer, Paul M. , "Endogenous Technological Change," *Journal of Political Economy*, 1990, 98(5):71—102.

Romer, Paul M. , "Growth Based on Increasing Returns Due to Specialization," *American Economic Review*, 1987, 77(2):56—62.

Romer, Paul M. , "Increasing Returns and Long-run Growth," *Journal of Political Economy*, 1986, (94):1002—1037.

Sam, Youl Lee and Richard Florida Gary J. Gates, "Innovation, Human Capital, and Creativity," *Working Paper*, 2002, (9):2—25.

Schultz, Theodore W. , *Investment in People: the Economics of Population Quality*, Berkeley and Losangeles: University of California Press, 1981:6—24.

Schultz, Theodore W. , "Investment in Human Capital," *The American Economic Review*, 1961, 51(1):1—17.

Schultz, Theodore W. , "Reflections on Investment in Man," *The Journal of Political Economy*, 1962, 70(5):1—8.

Schwarze, J. , "How Income Inequality Changed in Germany Following Reunification: An Empirical Analysis Using Decomposable Inequality Measures," *Review of Income and Wealth*, 1996, 42(1):1—11.

Shang-Jin, Wei and Yi Wu, "Globalization and Inequality: Evidence from Within China," *Working Paper*, 2001.

Shorrocks, A. F. , "The Class of Additively Decomposable Inequality Measures," *Econometrica*, 1980, 48(3):613—625.

Solow, Robert M. , *Investment and Technical Progress*, In K. Arrow, S. Karlin and P. Suppes, eds. , Mathematical Methods in the Social Science, 1959, Stanford, CA: Standford University Press, 1960:89—104.

Stephen, M. Miller and Mukti P. Upadhyay, "The Effects of Openness, Trade Orientation, and Human Capital on Total Factor Productivity," *Journal of Development Economics*, 2000, (63):399—423.

Sturm, Jan-Egbert Gerardj H. Kuper and Haan Jakob de. , *Modelling Government Investment and Economic Growth on a Macro Level: A Review*. In S. Brakman, H. Van Ees, and S. K. Kuipers, eds.. Market Behaviour and Macroeconomic Modelling, London: Macmillan Press Ltd, 1998, (9):6—9.

Temple, Jonathan, "The New Growth Evidence," *Jounal of Economic Literature*, 1999, 37(1):112—156.

Theil, H. , *Economics and Information Theory*, Amsterdam: North Holland, 1967, (7):1—56.

Tochkov, Kiril, J. henderson Daniel and Badunenko Oleg, *Efficiency, Technological Catch-up and Capital Deepening: Contributions to Growth and Convergence Across Chinese Provinces*. CES 2007 Conference, Changsha, 2007.

Triplett, Jack E. , *Concepts of Quality in Input and Output Price Measures: A Resolution of the User Value-Resource Cost Debate*, In Murray F. Foss, ed. , the U. S. National Income and Product Accounts: Selected Topics, Studies in Income and Wealth, Vol. 47, Chicago: University of Chicago Press, 1983:296—311.

Tsui, K. Y. , "China's Regional Inequality, 1952—1985," *Journal of Comparative Economics*, 1991, (15):1—21.

Uzawa, Hirofumi, "Optimal Technical Change in an Aggregate Model of Economic Growth," *International Economic Growth*, 1965, (6):18—31.

Wang, Yan and Yao Yudong, "Sources of China's Economic Growth 1952—1999: incorporating human capital accumulation," *China Economic Review*, 2003,

(14):32—52.

Wei, Xin, Mun C. Tsang, Weibin Xu and Liang-Kun Chen, "Education and Earnings in Rural China," *Education Economics*, 1999, 7(2):167—187.

World Bank, *China 2020: Sharing Rising Incomes*, China 2020 Series, Washington D. C, 1997.

World Bank, *China's Regional Disparities*, *Report No. 14496-CHA*, Country Operations Division, China and Mongolia Department, East Asia and Pacific Regional Office, 1995.

World Bank, *World Development Report 1996*, New York: Oxford University Press, 1996, (6):1—120.

World Bank, *World Development Report*, New York: Oxford University Press, 2000, (9):1—500.

Wu, Y., "Is China's Economic Growth Sustainable? A productivity Analysis," *China Economic Review*, 2000, (11):278—296.

Wu, Yanrui, "Regional disparities in China: An alternative view," *International Journal of Social Economics*, 2002, 29 (7):575—598.

Xu, L. C. and Zou H., "Explaining the Changes of Income Distribution in China," *China Economic Review*, 2000, (11):149—170.

Yang, D. T., "Urban-Biased Policies and Rising Income Inequality in China," *American Economic Review Papers and Proceedings*, 1999, 89(2):306—310.

Yang, D. T., "What Has Caused Regional Inequality in China?," *China Economic Review*, 2002, (13):331—334.

Yao, S. and Zhang Z., "On Regional Inequality and Diverging Clubs: A Case Study of Contemporary China," *Journal of Comparative Economics*, 2001, (29): 466—484.

Yao, S. and Zhang Z., "Openness and economic performance, a comparative study of China and the East Asian newly industrialized economies," *Journal of Chinese*

Economic and Business Studies, 2003, 1(1):71—96.

Yao, Shijie, Zhang Zhongyi, Hanmer and Lucia, "Growing Inequality and Poverty in China," *China Economic Review*, 2004, (15):145—163.

Yao, Y., *Evolution of Income and Fiscal Disparity in Rural China*, Mimeo, Department of Applied Economics and Management, Cornell University, 2005, (8):1—20.

Young, Alwyn, *Gold into Base Metals: Productivity Growth in the People's Republic of China During the Reform Period*, NBER Working Paper No. 7856, 2000, (8):3—15.

Yu, Xiujuan, "Sources of Regional Growth Difference and Income Disparity during the Reform Period in China: An Empirical Analysis," *Dissertation*, 2005, (11):1—202.

Zhang, W., "Rethinking regional disparity in China," *Economic Planning*, 2001, 34(1—2):113—138.

Zheng, Fei, Xu LiDa and Tang Bingyong, "Forecasting regional income inequality in China," *European Journal of Operational Research*, 2000, (124):243—354.

J. M. 伍德里奇:《计量经济学导论现代观点》,中国人民大学出版社 2003 年版。

巴罗、萨拉伊马丁:《经济增长》,何晖、刘明兴译,中国社会科学出版社 1995 年版。

贝克尔:《西方教育经济学流派》,曾满超译,北京师范大学出版社 1990 年版。

波特:《国家竞争优势》,华夏出版社 2002 年版。

陈瑜、樊纲:《中国地区差异:市场化、技术进步与全要素生产率》,载王小鲁、樊纲主编:《中国地区差距:20 年变化趋势和影响因素》,经济科学出版社 2004 年版。

邓翔:《经济趋同理论与中国地区经济差距的实证研究》,西南财经大学出版社 2003 年版。

侯风云:《中国人力资本投资与城乡就业相关性研究》,上海三联书店、上海人民出版社 2007 年版。

侯风云:《中国人力资本形成及现状》,经济科学出版社 1999 年版。

侯亚非:《人口质量与经济增长方式》,中国经济出版社 2000 年版。

胡鞍钢,王亚华:《国情与发展》,清华大学出版社 2005 年版。

胡鞍钢、王绍光、康晓光:《中国地区差距报告》,辽宁人民出版社 1995 年版。

胡永远:《中国居民人力资本投资研究》,湖南人民出版社 2003 年版。

李京文、钟学义:《中国生产率分析前沿》,社会科学文献出版社 1998 年版。

李坤望:《经济增长理论与经济增长的差异性》,山西经济出版社 1998 年版。

李实、丁赛:《中国城镇教育收益率的长期变动趋势》,载李实、佐藤宏:《经济转型的代价——中国城市失业、贫困、收入差距的经验分析》,中国财政经济出版社 2004 年版。

李忠民:《人力资本——一个理论框架及其对中国一些问题的解释》,经济科学出版社 1999 年版。

林荣日:《教育经济学》,复旦大学出版社 2001 年版。

瑞扎·尚柯、沙安文:《缩小经济差距——缩小地区收入差异的政策表现的"积分卡"》,沙安文、沈春丽、邹恒甫主编:《中国地区差异的经济分析》,人民出版社 2006 年版。

沙安文、张庆华、邹恒甫:《中国教育水平的地区差异:教育回报率、支付能力约束以及政府政策》,载沙安文、沈春丽、邹恒甫:《中国地区差异的经济分析》,人民出版社 2006 年版。

沈春丽:《中国贫困的地区差异》,载沙安文,沈春丽,邹恒甫:《中国地区差异的经济分析》,人民出版社 2006 年版。

沈利生、朱运法:《人力资本与经济增长分析》,社会科学文献出版社 1999 年版。

舒尔茨:《论人力资本投资》,吴传珠译,北京经济学院出版社 1990 年版。

索洛:《经济增长理论:一种解说》,上海三联书店和上海人民出版社 1994 年版。

谭永生:《人力资本与经济增长——基于中国数据的实证研究》,中国财政经济出版社 2007 年版。

万广华、张藕香:《1985—2002 年中国农村的地区收入不平等:趋势、起因和政策含义》,载沙安文、沈春丽、邹恒甫:《中国地区差异的经济分析》,人民出版社2006年版。

王金营:《人力资本与经济增长理论与实证》,中国财政出版社2001年版。

王善迈:《教育经济学概论》,北京大学出版社1989年版。

王小鲁、樊纲:《中国地区差距:20年变化趋势和影响因素》,经济科学出版社2004年版。

王小鲁、樊纲:《中国经济增长的可持续性——跨世纪的回顾与展望》,经济科学出版社2004年版。

王玉昆:《教育经济学》,华文出版社1998年版。

魏立萍:《异质型人力资本与经济增长理论及实证研究》,中国财政经济出版社2005年版。

西奥多·W.舒尔茨:《人力资本投资——教育和研究的作用》,商务印书馆1990年版。

姚益龙:《教育对经济增长贡献的国际比较》,中山大学出版社2003年版。

詹姆士·J.海克曼:《提升人力资本投资的政策》,复旦大学出版社2003年版。

张焕明:《我国经济增长的地区性趋同理论及实证分析》,合肥工业大学出版社2007年版。

周天勇:《劳动力与经济增长》,三联出版社1994年版。

Poncet Sandra:《中国市场正走向非一体化?——中国国内和国际市场一体化程度的比较分析》,《世界经济文汇》2002年第1期:3—17。

阿尔伯特·菲什洛:《19世纪美国教育投资水平》,《经济史杂志》1966年第26卷:418—436。

鲍曙明、时安卿、侯维忠:《中国人口迁移的空间形态变化分析》,《中国人口科学》2005年第5期:28—36。

蔡昉、王德文:《中国经济增长可持续性与劳动贡献》,《经济研究》1999年第10期:62—68。

蔡昉、都阳:《中国地区经济增长的趋同与差异——对西部开发战略的启示》,《经济研究》2000 年第 10 期:30—37。

蔡昉、王德文、都阳等:《技术效率、配置效率与劳动力市场扭曲——解释经济增长差异的制度因素》,《经济学动态》2002 年第 8 期:34—39。

蔡昉、王德文:《比较优势差异,变化及其对地区差距的影响》,《中国社会科学》2002 年第 5 期:41—54。

蔡增正:《对教育投资社会回报率的估计》,《教育与经济》2000 年第 2 期:1—14。

蔡增正:《教育对经济增长贡献的计量分析》,《经济研究》1999 年第 2 期:39—47。

陈国宏、郑兆濂、桑赓陶:《外商直接投资与技术转移关系的实证研究》,《科研管理》2000 年第 3 期:23—28。

陈晓宇、闵维方:《论中国高等教育的预期收益与劳动力市场化》,《教育研究》1999 年第 1 期:34—39。

陈秀山、徐瑛:《中国区域差异影响因素的实证分析》,《中国社会科学》2004 年第 5 期:117—129。

陈赟:《1978 年以来我国教育投入研究》,《清华大学教育研究》2006 年第 2 期:23—46。

陈钊、陆铭、金煜:《中国人力资本和教育发展的区域差异:对于面板数据的估算》,《世界经济》2004 年第 12 期:25—31。

崔玉平:《中国高等教育对经济增长率的贡献》,《北京师范大学学报(人文社会科学版)》2000 年第 1 期:31—37。

邓翔、李建平:《中国地区经济增长的动力分析》,《管理世界》2004 年第 11 期:68—76。

窦丽琛、李国平:《对“后发优势的国内实证”——基于技术创新扩散视角的分析》,《经济科学》2004 年第 4 期:27—32。

杜两省:《论投资在区域间配置的均等与效率》,《投资研究》1996 年第 12 期:1—5。

段平忠、刘传江:《人口流动对经济增长地区差距的影响》,《中国软科学》2005 年第 12 期:99—110。

樊纲:《既要扩大“分子”也要缩小“分母”——关于在要素流动中缩小“人均收入”

差距的思考》,《中国建设投资》1995 年第 6 期:16—18。

范剑勇、朱国林:《中国地区差距的演变及其结构分解》,《管理世界》2002 年第 7 期:37—44。

傅晓霞、吴利学:《技术效率、资本深化与地区差异——基于随机前沿模型的中国地区收敛分析》,《经济研究》2006 年第 10 期:52—60。

傅晓霞、吴利学:《全要素生产率在中国地区差异中的贡献:兼与彭国华和李静等商榷》,《世界经济》2006 年第 9 期:12—22。

干勤、王钊、蒋建军等:《中国高等教育投资的个人负担研究》,《数量经济技术经济研究》2007 年第 6 期:69—79。

高梦滔:《高等教育投资回报率估算》,《统计研究》2007 年第 9 期:69—76。

龚六堂、谢丹阳:《我国省份之间的要素流动和边际生产率的差异分析》,《经济研究》2004 年第 1 期:45—53。

郭金龙、王宏伟:《中国区域间资本流动与区域经济差距研究》,《管理世界》2003 年第 7 期:45—58。

郭庆旺、贾俊雪:《中国全要素生产率估算》,《经济研究》2005 年第 6 期:51—60。

何洁:《外国直接投资对中国工业部门外溢效应的进一步精确量化》,《世界经济》2000 年第 12 期:29—36。

侯力:《劳动力流动对人力资本形成与配置的影响》,《人口学刊》2003 年第 6 期:34—39。

胡鞍钢:《中国地区发展不平衡问题研究》,《中国软科学》1995 年第 8 期:42—49。

胡瑞文:《影响我国教育公平与质量提升的教育经费缺口分析》,《教育发展研究》2007 年第 21 期:1—6。

胡永远、刘智勇:《中国民办教育的地区差异分析》,《清华大学教育研究》2004 年第 3 期:111—115。

胡祖六:《关于中国引进外资的三大问题》,《国际经济评论》2004 年第 2 期:24—28。

姜进章、文祥:《人力资本作用机制及其政策》,《学术月刊》1999 年第 12 期:9—15。

江小涓:《中国的外资经济对增长、结构升级和竞争力的贡献》,《中国社会科学》2002 年第 6 期:4—14。

金碚:《资源和环境约束下的中国工业发展》,《中国工业经济》2005 年第 4 期:5—14。

孔令锋、黄乾:《论人力资本产权的配置功能》,《经济问题》2003 年第 10 期:7—9。

赖德胜:《教育、劳动力市场与收入分配》,《经济研究》1998 年第 5 期:42—49。

李国平、范红忠:《生产集中、人口分布与地区经济差异》,《经济研究》2003 年第 11 期:79—86。

林跃勤:《金砖四国:经济转型与持续增长》,《经济学动态》2010 年第 10 期:127—131。

李静、孟令杰、吴福象:《中国地区发展差异的再检验:要素积累抑或 TFP》,《世界经济》2006 年第 1 期:12—22。

李坤望、陈雷:《APEC 经济增长收敛性的经验分析》,《世界经济》2005 年第 9 期:28—32。

李坤望、黄玖立:《论中国省际劳均产出的差异》,《南开学报(哲学社会科学版)》2006 年第 2 期:116—124。

李梅:《不同层次教育的内部回报率》,《教育发展研究》2002 年第 2 期:62—64。

李平、刘建:《FDI、国外专利申请与中国各地区的技术进步》,《国际贸易问题》2006 年第 7 期:99—104。

李润文:《生均教育经费地区差距数十倍》,《中国青年报》2007 年 3 月 8 日。

李实:《中国个人收入分配研究回顾与展望》,《经济学(季刊)》2003 年第 2 卷第 2 期:379—403。

李小平、朱钟棣:《国际贸易的技术溢出门槛效应》,《统计研究》2004 年第 10 期:27—32。

厉无畏:《中国区域经济发展政策分析》,《社会科学》1998 年第 3 期:20—25。

梁红、易峘:《光荣与梦想:中国睡狮的崛起》,《高盛全球经济研究报告系列:第 133 号》,2005 年。

梁进社、孔健:《基尼系数和变差系数对区域不平衡性度量的差异》,《北京师范大学学报(自然科学版)》1998 年第 3 期:409—413。

梁宇峰:《资本流动与东西部差距》,《上海经济研究》1997 年第 11 期:28—31。

林毅夫、蔡昉、李周:《中国经济转型时期的地区差距分析》,《经济研究》1998 年第 6 期:3—10。

林毅夫、刘培林:《经济发展战略对劳均资本积累和技术进步的影响——基于中国经验的实证研究》,《中国社会科学》2003 年第 4 期:18—32。

林毅夫、任若恩:《东亚经济增长模式相关争论的再探讨》,《经济研究》2007 年第 8 期:4—12。

林毅夫、苏剑:《论我国经济增长方式的转换》,《管理世界》2007 年第 11 期:5—13。

刘树成、张晓晶:《中国经济持续高增长的特点和地区间经济差异的缩小》,《经济研究》2007 年第 10 期:17—31。

刘夏明、魏英琪、李国平:《收敛还是发散?——中国区域经济发展争论的文献综述》,《经济研究》2004 年第 7 期:70—81。

刘泽、侯风云:《我国基础教育投入地区差异的量化分析》,《华东经济管理》2007 年第 9 期:50—53。

刘智勇、胡永远、易先忠:《异质型人力资本对经济增长的作用机制检验》,《数量经济技术经济研究》2008 年第 4 期:86—96。

刘智勇、胡永远:《人力资本、要素边际生产率与地区差异:基于全要素生产率视角的研究》,《中国人口科学》2009 年第 3 期:21—31。

刘智勇:Should Chinese Government Enhance Human Capital Investment in Less Developed Areas? ICEE 2011-Proceedings, Volume 7, EI 检索。

欧阳峣、刘智勇:《发展中大国人力资本综合优势与经济增长——基于异质性与适应性视角的研究》,《中国工业经济》2010 年第 11 期:26—35。

刘智勇、张玮:《创新型人力资本与技术进步:理论与实证》,《科技进步与对策》2010 年第 1 期:138—142。

刘智勇、胡永远:《异质型人力资本对技术进步的影响研究》,《财经理论与实践》

2008年第2期:96—99。

刘智勇、胡永远:《全要素生产率、资本积累与地区差异》,《统计与决策》2008年第12期:67—70。

胡永远、刘智勇:《高等教育对经济增长贡献的地区差异研究》,《上海经济研究》2004年第9期:11—14。

胡永远、刘智勇:《不同类型人力资本对经济增长的影响分析》,《人口与经济》2004年第2期:55—58。

胡永远、刘智勇:《中国民办教育的地区差异分析》,《清华大学教育研究》2004年第3期:111—115。

胡永远、刘智勇:《人力资本最优投资规模分析——以中国高等教育为视角》,《财经理论与实践》2004年第3期:101—104。

陆铭、陈钊:《城市化、城市倾向的经济政策与城乡收入差距》,《经济研究》2004年第6期:50—58。

罗楚亮:《城镇居民教育收益率及其分布特征》,《经济研究》2007年第6期:119—130。

马扬、张玉璐、陈刚等:《从收益率看我国高等教育的收费改革》,《科学学与科学技术管理》2002年第3期:36—38。

彭国华:《中国地区收入差距、全要素生产率及其收敛分析》,《经济研究》2005年第9期:19—29。

邵宜航、刘雅南:《要素流动、生产效率与地区差距》,《经济学动态》2005年第12期:32—35。

沈坤荣、李剑:《中国贸易发展与经济增长影响机制的经验研究》,《经济研究》2003年第5期:32—40。

沈坤荣、马俊:《中国经济增长的"俱乐部收敛"特征及其成因研究》,《经济研究》2002年第1期:33—39。

沈坤荣:《1978—1997年中国经济增长因素的实证分析》,《经济科学》1999年第4期:14—24。

沈坤荣:《外国直接投资与中国经济增长》,《管理世界》1999 年第 5 期:22—33。

石才良、冯静:《高等教育收益率:理论、证据与述评》,《江西财经大学学报》2006 年第 2 期:112—116。

宋德勇、许新华:《我国区域差异的现状与对策研究》,《华中理工大学学报(社会科学版)》1998 年第 1 期:21—23。

宋德勇:《改革以来中国经济发展的地区差异状况》,《数量经济技术经济研究》1998 年第 3 期:15—18。

孙志军:《中国教育个人收益率研究:一个文献综述及其政策含义》,《中国人口科学》2004 年第 5 期:65—72。

万广华:《中国农村区域间居民收入差异变化的实证分析》,《经济研究》1998 年第 5 期:36—49。

王桂新、黄颖钰:《中国省际人口迁移与东部地带的经济发展:1995—2000》,《人口研究》2005 年第 1 期:19—28。

王红领、李稻葵、冯俊新:《FDI 与自主研发:基于行业数据的经验研究》,《经济研究》2006 年第 2 期:44—56。

王小鲁:《中国经济增长的可持续性与制度变革》,《经济研究》2000 年第 7 期:3—15。

王铮、葛昭攀:《中国区域经济发展的多重均衡态与转变前兆》,《中国社会科学》2002 年第 4 期:31—39。

王志鹏:《外商直接投资对我国经济增长的贡献评价》,清华大学中国经济研究中心,*Working Paper No. 200112*, 2001 年第 10 期:1—12。

隗斌贤:《对教育投资经济效益的统计研究(下)》,《中国软科学》1999 年第 1 期:102—107。

卫兴华、侯为民:《中国经济增长方式的选择与转换途径》,《经济研究》2007 年第 7 期:15—21。

魏后凯:《我国地区经济发展差距变动趋势及其预测》,《东北财经大学学报》1999 年第 6 期:9—15。

魏后凯:《中国地区间居民收入差异及其分解》,《经济研究》1996 年第 11 期:66—73。

武剑:《外国直接投资的区域分布及其经济增长效应》,《经济研究》2002 年第 4 期:27—35。

冼国明、严兵:《FDI 对中国创新能力的溢出效应》,《世界经济》2005 年第 10 期:18—25。

徐建华、鲁凤、苏方林等:《中国区域经济差异的时空尺度分析》,《地理研究》2005 年第 1 期:57—67。

徐现祥、舒元:《中国省区经济增长分布的演进》,《经济学季刊》2004 年第 3 卷第 3 期:619—638。

闫淑敏、闻岳春:《中国政府人力资本投资变化及国际比较》,《财贸经济》2007 年第 6 期:63—68。

颜鹏飞、王兵:《技术效率、技术进步与生产率增长:基于 DEA 的实证分析》,《经济研究》2004 年第 12 期:55—65。

杨建芳、龚六堂、张庆华:《人力资本形成及其对经济增长的影响》,《管理世界》2006 年第 5 期:10—18。

杨明洪:《论西方人力资本理论的研究主线与思路》,《经济评论》2001 年第 1 期:90—92。

杨云彦:《劳动力流动、人力资本转移与区域政策》,《人口研究》1999 年第 5 期:9—15。

姚洋:《非国有经济成分对我国工业企业技术效率的影响》,《经济研究》1998 年第 12 期:34—39。

姚枝仲、周素芳:《劳动力流动与地区差异》,《世界经济》2003 年第 4 期:35—44。

叶茂林、郑晓齐、王斌:《教育对经济增长贡献的计量分析》,《数量经济技术经济研究》2003 年第 1 期:89—92。

叶欣茹:《中国高等教育生均教育经费的增长与国际比较》,《高教探索》2005 年第 6 期:90—92。

易纲、樊纲、李岩:《关于中国经济增长与全要素生产率的理论思考》,《经济研究》2003 年第 8 期:13—20。

岳希明:《收入转移和地区间收入差异——兼谈日本的经验》,《管理世界》1999 年第 6 期:50—59。

张帆:《中国的物质资本和人力资本估算》,《经济研究》2000 年第 8 期:65—71。

章奇:《中国地区经济发展差距分析》,《管理世界》2001 年第 1 期:105—110。

赵秋成:《教育投资的社会收益率的估算方法及其实证研究》,《教育与经济》1999 年第 1 期:46—49。

赵曙明、吴慈生:《中国企业集团人力资源管理现状调查研究(二)——人力资源培训与开发、绩效考核体系分析》,《中国人力资源开发》2003 年第 3 期:48—50。

赵志耘、吕冰洋、郭庆旺等:《资本积累与技术进步的动态融合:中国经济增长的一个典型化事实》,《经济研究》2007 年第 11 期:18—31。

郑玉歆:《TFP 的测度及经济增长方式的"阶段性"规律》,《经济研究》1999 年第 5 期:55—60。

郑玉歆:《理解全要素生产率》,http://iqte.cass.cn/。

中国教育与人力资源问题报告课题组:《从人口大国迈向人力资源强国——〈中国教育与人力资源问题报告〉辑要》,《高等教育研究》2003 年第 5 期:1—14。

诸建芳、王伯庆、恩斯特・使君多福:《中国人力资本投资的个人收益率研究》,《经济研究》1995 年第 12 期:55—63。

朱勇、张宗益:《技术创新对经济增长影响的地区差异研究》,《中国软科学》2005 年第 11 期:92—98。

后　记

终成此书，欣慰之情难以言表。饮水思源，在本书即将付梓之际，我想借此机会感谢给予我各种帮助的人们。

2002年，已工作六年的我有幸考入湖南大学攻读经济学硕士学位，师从胡永远教授。胡永远教授学识渊博、治学严谨，给予了我悉心的指导和无私的帮助。是他每星期至少一次的当面单独指导使我实现了数学思维和数学方法与经济学研究的结合；是他对我所写论文一字一句、一章一节的修改使我的论文写作能力得以提高；是他充分的信任让我参与国家级、省部级课题的研究，使我的科研能力得到增强；是他提供的经济支持使我免除了后顾之忧。所有这一切都让我终生难忘和终身受益。

2005年，硕士研究生毕业后，我又有幸继续在湖南大学攻读经济学博士学位，师从美国佐治亚理工大学李海峥教授（"985"工程首席专家）。自2005年至今，李海峥教授在学业上、生活上和工作上都给我提供了大量的有益指导和帮助，令我没齿难忘。他广博的学识、严谨的治学态度、清晰的思维、敏锐的洞察力和勤勉刻苦的精神都给我以深刻的影响，从而使我受益终生。攻读博士学位期间所发表的每一篇论文以及博士论文从选题到写作的整个过程中，无不凝聚着恩师的心血和鼓励。恩师还尽力为我提供国际学术交流及参与国际项目研究的机会，使我得以不断开阔学术视野。正是在恩师的精心指导与严格要求下，我对经济学研究有了更为全面深入的了解。有道是"师恩浩荡，无以为报"，此刻再多的感谢也不足以表达我的感激之情！在此还要特别感谢恩师胡永远教授的夫人李红霞老师、刘辉煌教授及其夫人张意湘老师，在湖南大学六年学习生涯中，他们在学习和生活中给予了我大量的关心、帮助和鼓励。

在湖南大学学习期间，我还从赖明勇教授、王耀中教授、张亚斌教授、史鹤凌教授等老师的授课或讲座中受益匪浅。他们丰富渊博的知识，循循善诱的讲解以及在学业上所给予我的指导和帮助，使我的专业知识有了很大的提高并得以顺利完成学业，特向他们表示深深的谢意！同时，我要衷心感谢湖南大学经贸学院全体领导以及陶娟老师、文晓梅老师、周梦老师、杨光华老师等，正是他们的关心与卓有成效的工作，为我们营造了良好的学习和生活环境。

感谢美国俄亥俄州立大学 Belton M. Fleisher 教授、佐治亚理工大学 Patrick McCarthy 教授、佐治亚州立大学徐振辉教授、夏威夷大学王小军教授，正是他们给予的方法指导与数据支持使本书的实证部分得以顺利完成。同时，我要感谢同窗好友生延超博士、曹二保博士、刘舜佳博士、易先忠博士、李波博士，以及同门师弟师妹们，正是与他们的讨论使我对所研究的问题有了更为清晰和深入的理解。

感谢我的爱人张玮女士！在我求学期间，她承担了全部的家务和照料、教育女儿的责任，帮助我消除了学业上的后顾之忧。感谢我的女儿康妮！她给我带来了无尽的欢乐与自豪。我的父母和岳父母为我付出了很多，得到的却太少，在此向他们表示深深的歉意和感谢！

本书的出版得到了教育部人文社会科学研究项目和国家“十二五”重点图书出版资助，在此表示衷心感谢！

刘智勇

图书在版编目(CIP)数据

人力资本、要素边际生产率与发展中大国区域经济协调发展/刘智勇著. —上海:格致出版社:上海人民出版社,2013
(大国经济丛书/欧阳峣主编)
ISBN 978-7-5432-2293-9

Ⅰ. ①人… Ⅱ. ①刘… Ⅲ. ①人力资本-影响-区域经济发展-研究-中国 Ⅳ. ①F249.21②F127

中国版本图书馆 CIP 数据核字(2013)第 207854 号

责任编辑 钱 敏
美术编辑 路 静

大国经济丛书
人力资本、要素边际生产率与发展中大国区域经济协调发展
刘智勇 著

出 版 世纪出版集团 www.ewen.cc
格致出版社 www.hibooks.cn
上海人民出版社
(200001 上海福建中路193号23层)

编辑部热线 021-63914988
市场部热线 021-63914081

发 行 世纪出版集团发行中心
印 刷 苏州望电印刷有限公司
开 本 720×1000 毫米 1/16
印 张 10.75
插 页 2
字 数 121,000
版 次 2013 年 10 月第 1 版
印 次 2013 年 10 月第 1 次印刷
ISBN 978-7-5432-2293-9/F·671
定 价 35.00 元